健康长三角
理论与实践丛书

总主编 严隽琪

走向幸福老龄

上海市老年友好型社区示范案例

（第一辑）

张录法 高晶蓉 —— 主编

TOWARDS HAPPY AGING

Shanghai Elderly Friendly Community

Demonstration Case

上海交通大学出版社
SHANGHAI JIAO TONG UNIVERSITY PRESS

内容提要

本书系"健康长三角理论与实践丛书"之一。"十四五"时期是我国实施积极应对人口老龄化国家战略、发展新时代老龄事业的重要战略机遇期。本书以案例的形式展现了近年来上海市各区在老年友好型社区创建方面的特色实践和探索，旨在为后续老年友好型社区创建发挥引领示范作用，为上海市乃至全国提供实践借鉴。全书分为居住环境篇、孝亲敬老篇、科技助老篇3个篇章，共19个案例。本书的读者对象为社区工作者和老年事业研究者。

图书在版编目（CIP）数据

走向幸福老龄：上海市老年友好型社区示范案例.
第一辑 / 张录法，高晶蓉主编. —— 上海：上海交通大学出版社，2024.10 ——（健康长三角理论与实践丛书）.
ISBN 978-7-313-30873-3

Ⅰ. D669.6

中国国家版本馆CIP数据核字第20241DZ093号

走向幸福老龄：上海市老年友好型社区示范案例（第一辑）
ZOUXIANG XINGFU LAOLING：
SHANGHAI SHI LAONIAN YOUHAOXING SHEQU SHIFAN ANLI (DI-YI JI)

主　　编：张录法　高晶蓉			
出版发行：上海交通大学出版社	地　　址：上海市番禺路951号		
邮政编码：200030	电　　话：021-64071208		
印　　制：苏州市越洋印刷有限公司	经　　销：全国新华书店		
开　　本：710mm×1000mm　1/16	印　　张：14		
字　　数：177千字			
版　　次：2024年10月第1版	印　　次：2024年10月第1次印刷		
书　　号：ISBN 978-7-313-30873-3			
定　　价：79.00元			

本书编委会

主　编

张录法　高晶蓉

副主编

谢洪彬　罗　津　金　伟

顾　问

桂世勋　葛燕萍

学术委员会成员

徐　园	刘英涛	王　颖	卢中南	刘　涛	曹艳春	裘　文
辛照华	苏忠鑫	宋　锐	贾守梅	费弼弢	张剑敏	吴晓莉
陈　俊	陈以文	蒋　锋	李　力	刘晴暄	顾　霖	朱清亮
许　帅	宋东瑾	励　莹	赵　吉	吴雅茹	王　晶	孙德胜

编委会成员

袁廷海	赵少聪	李　润	沈嘉蓓	刘　艳	徐嘉楠	翁思圆
包　涵	赵月琴	严大芳	王佳珠	俞佳伟	刘　苗	刘观锡
朱程旻	王　静	顾张瑜	朱　佳	谢佳骏	邹　辉	吴梦楠
续　琨						

"健康长三角理论与实践丛书"序

　　我们每个人既是健康事业的建设者,又是受益者;既改变着健康环境,又受健康环境的影响。习近平总书记在2016年召开的全国卫生与健康大会上强调,要将健康融入所有政策,人民共建共享。2020年2月14日,习近平总书记在中央全面深化改革委员会第十二次会议上又强调,确保人民群众生命安全和身体健康,是我们党治国理政的一项重大任务。这为"健康中国"的实现指明了方向。

　　"全健康"需要摆脱单一的线性思维,身心兼顾、"防、治、康"并重,"医、工、理、文、体"一体化成为其重要的内涵。因为健康与科学知识、专业技术、药物器械等的进步有关,又与公共服务、金融服务、卫生政策、市场环境等系统的完善密不可分,所以现代健康事业离不开学科交叉、行业创新与全社会的合作,离不开大数据、互联网、精密机械、人工智能等高新技术的日新月异,离不开基层社会治理水平的不断完善,离不开优秀传统文化的挖掘承扬。"全健康"既是国家强盛的表现,更是国民福祉所系。

　　当今世界,各种要素的流动空前活跃,任何一个人、一个家庭、一个城市、一个省份,甚至一个国家都很难独善其身。在健康这个问题上,人类命运共同体的概念尤为突出。但从概念到现实,需要付出巨大的努力。长三角一体化已成为国家战略,长三角是在中国属于各方面基础条件较好的地方,如何能够在区域一体化方面率先作出探索,多省市协同,让长三角的老百姓尽快获得更普惠的高质量的卫生健康服务,让健康长三角成为健康中国的先行区，并形成经验，对全国的健康事业做出积极贡献，当是长三角的历史责任。

上海交通大学健康长三角研究院在2019年首届健康长三角峰会上宣告成立，这是区域协同、学科交叉的全新尝试，是上海交通大学积极承担社会责任和服务国家战略的充分体现，是该校勇于推进教育改革和开放式办学优良传统的继续。健康长三角研究院成立以来始终致力于贯彻落实"健康中国"和"长三角区域一体化"国家战略，立足长三角、放眼全中国，打造跨学科、跨部门、跨区域的政、事、产、学、研、创、智、用的开放式平台，力争边建设、边发挥作用。

正是基于此，上海交通大学健康长三角研究院决定推出"健康长三角理论与实践丛书"，旨在打造一套符合国情、凝聚共识、总结经验、推进合作的书系。本丛书将全面收集和梳理沪苏浙皖等省市在推动"健康中国"和"长三角区域一体化"国家战略进程中的主要举措、独特优势和角色定位，力图从体制机制、能力建设、人才培养以及风险监管等多个维度为各地推动健康长三角建设提供理论成果与实践借鉴。

期待"健康长三角理论与实践丛书"的推出，对推动健康领域研究，促进长三角健康事业发展，提升人民健康福祉，实现"健康中国"做出新贡献！

尹冀琪

2020年9月

前　言

　　"十四五"时期是我国实施积极应对人口老龄化国家战略、发展新时代老龄事业的重要战略机遇期。上海市人口深度老龄化目前仍处上升通道，老年人口规模持续扩大，老年人口占总人口的比重逐年上升。随着第二波婴儿潮出生的人口陆续进入老年，未来人口老龄化程度将持续走深、增速更快。满足高龄、独居、失能失智等老年群体的服务需求，不断提升社区服务能级，是实现促进人口高质量发展的重要前提。为此，上海市深刻学习领会习近平总书记关于老龄工作的重要指示批示，以实施积极应对人口老龄化国家战略为牵引，推进老年友好型社会建设，着力建设老年友好型社区，进一步弘扬孝亲敬老传统美德。

　　国家卫生健康委、全国老龄办先后发布了《关于开展示范性全国老年友好型社区创建工作的通知》《全国示范性老年友好型社区评分细则（试行）》，提出在"十四五"期间，全国范围内每年创建1 000个示范性老年友好型社区，明确了创建的工作任务。从2021年起，在上海市卫生健康委、上海市老龄办的指导下，上海市老龄事业发展促进中心连续三年积极组织开展全国示范性老年友好型社区创建工作，从居住环境、出行设施、社区服务、社会参与、孝亲敬老、科技助老、管理保障等7个方面指导相关社区开展建设，并督导各区开展初评，有序完成复核验收；同时，组织开展上海市老年友好型社区评估与验收，关口前移，为争创全国示范性老年友好型社区奠定了坚实的基础。截至2023年12月，上海已有108家社区被评名为全国示范性老年友好型社区，102家社区被评名为上海市老年友好型社区。

本书以全国示范与市级老年友好型社区提交的特色亮点材料为基础，以社会工作案例范式呈现，是上海市近三年在老年友好社会建设的成果。经过多轮次筛选和专家团队反复讨论，入选《走向幸福老龄：上海市老年友好型社区示范案例（第一辑）》的19个案例，分属居住环境、孝亲敬老、科技助老3个篇章；入选《走向幸福老龄：上海市老年友好型社区示范案例（第二辑）》的19个案例，分属社区服务、社会参与2个篇章。每一个案例均着眼于分析背景与动因、深入调查举措与机制、总结创新与成效，进而对未来工作思路及政策建议进行启示与展望。同时，我们也邀请相关领域的专家就每个案例进行系统点评，提炼出案例的深层逻辑和鲜明特点。

一、党建引领、多元融合、同心共建是老年友好型社区创建的核心动力

每一个成功创建的社区，往往都有非常强的党组织领导的基层组织，可以说党建引领贯穿在老年友好型社区创建的全过程，赋予了基层社会治理新的生命力。例如，奉贤区庄行镇浦秀村以党的二十大报告提出的"全面推进乡村振兴"为指引，深化"源生浦秀·先锋先行"村党建品牌，凝聚广大党员、乡贤、群众等社会发展力量全面参与乡村振兴，盘活闲置资源，规划建设一体化的"夕阳红—青春里"养老社区，打造医养结合新阵地。浦东新区洋泾街道尚海郦景社区围绕"党建引领，区域统筹，多方参与，自治共治"的理念，通过线上微信沟通与线下微网格治理联动，凝聚起居民自治骨干力量，运用"五步法"建设"云上社区"，将为老服务做进网络社群，营造出人人有序参与的社区氛围。

每一个成功创建的社区，往往都能充分聚合资源，一方面挖掘社区内部潜力，调动村居内党员、志愿者、物业方等的积极性；另一方面整合社会各方力量，多元融合养老服务、医疗服务、生活服务等各类资源。例

如，闵行区新虹街道爱博五村社区依托街道各项政策资源，凝聚红色物业、智慧养老、社会组织、社区志愿者等多元化力量，着力打造"吾爱五家—银龄家"品牌特色。青浦区徐泾镇尚鸿路社区构建"1+N"多方共建共联机制，以社区党委（"1"）为统筹，"N"类幸福合伙人"入伙"，将海曼艺校、牵然农场、牙防所、物业公司、餐饮企业、电信公司、银行以及一些培训机构引入小区，从"老有所养"向"品质养老"迈进。

每一个成功创建的社区，往往都有同心共建的议事平台，以人民为中心，以解决问题为导向，实践全过程人民民主建设。例如，长宁区虹桥街道虹储社区形成了"三上三下"工作机制，打造老年人可观、可感的德法融合阵地，形成一"老"一"小"双赢的社区治理。闵行区莘庄工业区瓶安路社区以自治项目认领平台、"瓶安议事厅"自治项目孵化平台，实现居民自治。

二、因地制宜、需求导向、提升能级是老年友好型社区创建的实践路径

上海作为国际大都市，红色文化、海派文化、江南文化交织交融。有些社区属于城市老旧小区，它们结合自身地理位置、人口结构、历史传统等因素，将历史文化与环境改造相结合，小尺度、渐进式进行社区"微更新"。例如，虹口区四川北路街道山一社区保留百年旧式里弄风貌，打造花香弄堂，充分利用党史学堂开展红色学习教育，让老人们生活更宜居、文化更融入。静安区彭浦新村街道第三社区是上海市最早建立的工人新村之一，借助上海市旧房改造政策实施契机，始终坚持小规模、渐进式的"有机更新"原则，历经17年5期多种类型的规划，形成"改扩建""加层扩建""拆除重建"3种改造模式，一体化推进旧改与公建配套设施更新。

有些社区是拆迁安置小区，人员组成复杂，社会、经济、文化背景不同，它们建立健全社区管理机制，丰富居民精神文化生活，鼓励新老居民、外来与本土居民之间形成互助的良好氛围，从"生人社区"到"熟人

社区"，再到"主人社区"。例如，奉贤区金海街道金水苑社区采取"融汇""融入""融合"三融工作法，发动志愿者队伍，打造"港湾式"缘聚空间与"居民自治家园"平台，推出"百姓集市"，实现物理空间的适老共通、新老居民的服务融合，打造"适老""融合"社区。浦东新区航头镇汇仁馨苑社区以自治、共治、德治、法治"四治"为联动手段，通过机制推动、氛围促动、活动带动等方式，实现"一人带动一家、一家带动一楼、一楼带动一社区"，为大型动迁安置基地适老化管理提供借鉴。

有些社区属于农村社区，地理空间大，资源相对较少，它们结合乡村振兴项目，改善农村基础设施，提升农村公共服务，以及加强农村社会治理创新等，探索出"嵌入式"与"互助式"相结合的养老模式。例如，松江区泖港镇胡光村集聚各类服务资源，在生活空间上，打造村内就餐送餐点、社区服务点、长者健身点、健康服务点四大"服务圈"；在社会空间上，加大关爱力度、丰富村居文化、搭建代际沟通桥梁，实现了老人原居安老的美好愿望。浦东新区书院镇外灶村开展农村养老睦邻互助点建设，下好自治、标准、规范的基础"一盘棋"，构建开放、集约、共享的服务"一张网"，拧成共建、共治、共管的治理"一股绳"，作为非正式照料的重要内容，依托乡村振兴完善基础设施建设，将村委会服务大厅现房改造为综合为老服务家园，集合村卫生室、村服务大厅，配备专业为老服务团队，真正实现了让农村老人享受原居安老的美好愿望。

三、老年人的获得感、幸福感、安全感是老年友好型社区创建的永恒目标

获得感就是服务友好，老年群体在生活照料、医疗保健、康复护理等方面能享受便捷的为老服务。例如，长宁区虹桥街道虹东社区布局社区嵌入式养老设施，整合形成集"功能集约化、服务专业化、运营社会化、管理智能化"四大功能特色于一体的综合为老服务中心，开展便利、健康、文体、智慧等四大类26个服务项目，着力实现社区托养、医养结合、家

庭支持、生活服务等"一站式"综合为老服务。徐汇区徐家汇街道乐山二三村居民区充分动员、深度利用周边丰富医疗资源，联合三甲部队医院创立"徐家汇—军医"社区健康服务融合体，每周开展下沉式义诊、科普讲座等，守护社区老人身心健康。

幸福感来自人文友好，通过开展代际活动、敬老爱老宣传、精神关怀等人文服务，营造尊重关爱的社区文化氛围，同时鼓励有能力、有意愿发挥余热的老年人积极参与社会各项事务。例如，宝山区罗店镇天平村紧密联合老龄党员、老年法律顾问、银龄智囊团、老年"乡贤"四方力量，"四力共治"打造老龄社会治理共同体，推动社区共建共治共享。松江区车墩镇祥东社区全面开启"社区众筹"新路径，采取上级政府支持扶助、共建单位积极助力、居民自治创新亮点，推进更深入的治理参与。

安全感来自环境友好，无论是住房适老化改造、无障碍改造，还是交通出行、公共设施，都能够促进社区老年群体积极参与社会活动和享受便捷公共服务设施。例如，普陀区桃浦镇樱花苑社区创新"大金融+自治力"的老小区加梯范本，探索形成"加梯支付宝""电梯维修保险"模式。黄浦区淮海中路街道建六社区，针对老年居民的生理和心理特征，通过社区适老化改造和整体综合改造，强化居住的安全性和环境的舒适性，使老年人获得安全感。

老年人在社区的安居养老，是家事，也是国事。38个案例充分体现了示范社区的模范带头作用，深化了对"老年友好"内涵的理解和认识，提供了社区创新治理的实践范本，讲出了孝亲敬老上海故事，是全力推进老龄事业高质量发展的生动实践，是持续深化人民城市理念的生动实践，是建设具有世界影响力的社会主义现代化国际大都市的生动实践，将为后续老年友好型社区创建发挥引领示范作用，为本市乃至全国提供实践借鉴。

本书在编写过程中得到了上海市老龄办、各区老龄办、相关街镇村居的大力支持，也得到了上海交通大学健康长三角研究院、中国老龄协会老龄科研基地（华东师范大学）的全面支持，在此一并表示诚挚的感谢！

目　录

▉▌▎ 科技助老篇

居住环境篇

"金融+梯"敢为人先，"数字拐杖"造就幸福家园

樱花苑社区位于普陀区桃浦镇西部，占地面积约为4.05万平方米，住宅面积约为4.49万平方米，绿化面积约为0.95万平方米，共有41个楼组共计950户，实有常住人口2 035人，60周岁以上老年人有776人，占社区总人口的38.1%，其中80周岁以上老年人有86人，独居老人111人，重残老人27人。

一、背景与动因

樱花苑始建于1995年，是商品房和动迁房组成的混合型老旧小区，由于建设时间久远，部分服务设施已不能满足居民日益增长的需求。一方面，小区内道路狭窄、拥堵严重、照明设施不足、线路杂乱、飞线充电等问题给老年人的出行带来安全隐患，安全防护和应急保障机制缺乏；另一方面，社区缺少可供老人休闲、娱乐、交流、健身的公共设施以及智慧养老服务。

樱花苑具有社区面积小、设施老旧、老龄人口多、特殊困难老年群体多等特点。樱花苑老年居民数量占社区总人口的38.1%，高龄、独居、重残等特殊困难老年居民数量占社区总人口的比例超过10%。如何改善社区环境、创建老年友好社区，让社区老年人更安心、更舒心，让科技助老惠老，有效减少社区特殊老龄群体的孤独感，成为樱花苑居委干部的心结。

二、举措与机制

为了切实增强老年人的获得感、幸福感、安全感，提升社区服务能

力和水平，樱花苑居委深入群众倾听需求，顺应群众改造小区，积极探索智慧助老服务。

（一）顺应群众需求，从点到面建设"宜老"社区

为全面、及时、有效地掌握群众需求，切实解决群众的急难愁盼问题，樱花苑居委召集楼组长、物业代表、居民代表召开共商会议，了解、排摸群众需求，多管齐下获取社区建设的第一手资料，建立整改问题清单和群众需求清单，整合相似需求，分清轻重缓急，排出整改需求优先级。选择专业设计团队，多方考查建设方案，从全局出发，整体考虑设计，先试验再推广，从局部到整体，一步一个脚印做实做细社区建设的每一个环节。

1. 保出行通畅——合理改建车位和道路

一方面，从社区空间来看，改造前小区车位不够，车辆随意停放，损坏绿化带、步行道，占用老年人活动空间的情况时有发生，给小区环境的宜居性造成了不良影响。另一方面，从社区安全来看，当居家老年人身体不适或出现意外时，救护车或消防车都无法通达指定位置，会延误急救或救援的时间。

小区建设之初仅修建了50个标准车位，近30年来，随着居民生活水平的不断提高，社区车辆不断增加，停车一位难求、乱停乱放、道路堵塞、绿化破坏严重等各类问题凸显，居委会、物业、派出所不断接到居民的投诉。

车位不足问题如此尖锐，为何迟迟没有得到解决？核心矛盾点在哪？破解之道是什么？为此社区居委下决心，带着问题从头开始调研，深入分析此前改建失败的原因。社区干部分组包栋，逐户上门了解居民的想法，收集居民的意见和建议。针对摸排过程中发现的反对改造道路和车位的居民，由居委书记亲自带队，再次上门做居民的思想工作。最终，小区车位改建和道路改建方案得到90%以上居民的同意，樱花苑迅速开展"打通绿色通道，构建绿色同心家园"行动，对小区车位和道

路进行全方位改造。改造过程从群众同意率最高的楼栋开始推进,通过打造样板楼栋,做出实际成效,再进一步统一居民思想,最终推动改造工作顺利完成,全过程未出现居民不满而投诉或阻碍施工的现象。

施工完成后,樱花苑的停车位由50个增加到224个,车位净增348%,通过合理规划小区内部道路动线,小区内的拥堵和占道情况逐渐消失了。

2. 保生活便捷——合力推动加梯工程落地见效

樱花苑社区建成近30年来,小区内老年人逐渐增多,上下楼成为老人们出门活动的"拦路虎",老房加装电梯成为老人们心之所向。加梯一句话,但问题千万条,如何解决协调难、经费难、落实难等一个个难题呢?

为解决好"悬空老人"上下楼难题,在桃浦镇党委、镇政府的帮助和支持下,樱花苑居委通过召开政策宣传会、答疑会,组建微信沟通群等多种方式,扩大加梯宣传覆盖面,广泛收集居民的加梯意愿;采用干部分块包干的模式,联络楼组长打造摸底小队,在社区内组织全面摸排和广泛动员。居委通过走访调研发现,加梯之路在老小区"无疾而终",多半是因为"钱":交了钱会不会转到私人账户里? 钱真的用在加梯上了吗? 电梯加完了,维修的钱怎么出? 一次性拿不出这么多钱怎么办? 樱花苑居委梳理出了居民加梯面临的三大共性"资金难点":资金监管缺保障、后期维保费用谁来出以及一次性支付加梯资金有难度。

为突破资金、政策、设计、管理等一个个"瓶颈",解决"协调难""经费难""落实难"等一个个难题,樱花苑居委借助"金融技术"将难点逐个击破:为确保加梯资金安全,引入上海市房地产交易资金管理有限公司做第三方资金监管;为解决电梯后续维护问题,引入"加梯保险",在未来15年的电梯使用过程中,维保费用将由保险公司承担;为解决加梯资金一次性支付问题,引入"加梯贷",为居民提供一年免息分期贷款服务;等等。

"我们小区的电梯也很智能。"一位小区居民介绍说。居民不仅可以使用传统的刷卡方式乘坐电梯，还可以使用手机小程序扫码乘梯。"手机小程序里，还可以实时看到所在楼栋电梯的运营、维修状况。遇到了亲朋好友来玩时，还可以生成一个临时乘梯码给他们，既方便又安全。"

3. 保环境优美——点面结合改善社区环境

樱花苑通过"三旧换三新"老旧小区改造工程和居民老房整体或局部翻新工作的开展，使得小区从里到外、从局部到整体发生了巨大变化，原来的老旧小区焕然一新，居住环境得到极大改善，休息设施齐整便捷。在车位和道路的改建过程中，社区盘点现有资源，强化资源利用，制订更加合理有效的绿化种植方案，补种了相当数量的绿化植物，包括2 500棵杜鹃、68棵樱花树、45棵桂花树、156棵红叶石楠球等。改建完成后，社区绿化率不但没有降低，反而有所提高，整体绿化效果更好。

图1　完成改造后，休息设施便捷齐备，绿化带茂盛整齐

（二）聚焦服务理念，全面整体打造"享老"环境

在樱花苑社区，老人们在生活上得到贴心热忱的优质服务，精神上得到无微不至的温情关怀。社区居家养老和机构养老相互补充，同步完善提升，共同建设良好的为老服务环境，营造好孝亲敬老社区氛围。

1. 建设一个活动阵地

以前，樱花苑活动中心的面积较小，社区老年人活动空间严重不足。在"大走访、大调研"活动开展过程中，樱花苑居委积极向上反馈，桃浦镇领导也充分听取居民意见，集思广益，将老旧活动中心和废弃泵站进行整合利用。镇党委、镇政府及各职能部门合力全新打造集樱花苑党群服务站和综合为老服务中心于一体的活动阵地。活动场所配置也真正做到"百姓点餐、政府配菜"，根据群众需求设置下棋、阅读、法

图2　改造后的综合服务中心

律咨询、养生讲座、亲子等活动设施，受到社区居民的广泛好评。为了满足老人们在家门口看病的需求，樱花苑综合服务中心还设置了"健康小屋"，定期邀请社区卫生服务中心的医生前来坐诊，为社区老人提供健康监测、针灸、中医义诊和配药等健康服务。

　　2. 完善一个休闲广场

　　曾经的樱花苑，小区健身广场设施陈旧、功能单一，缺乏儿童娱乐场所，无法满足居民的休闲健身需求，"接孙子放学回来没有地方活动"，于是广场上儿童娱乐设施悄然而至；"后面的步道太短，走过去还要原路折返"，不久后广场上一条环形步道应需而生，饭后漫步的老人络绎不绝；"廊道没有顶，下雨就不能在外面待了"，于是一个经常聚集蚊虫、长满爬山虎的廊道变成避雨遮阳同时开展孝亲敬老和法治宣传的法治廊。

图3　改造后的休闲娱乐广场

应群众需求而规划改造的设施在樱花苑随处可见,小广场旧貌换新颜,成为集休闲、健身、娱乐、宣传于一体的"小天地",充分体现了"人民城市人民建,人民城市为人民"的理念。

3. 营造一种良好氛围

樱花苑居委充分利用各种宣传载体,线上线下相结合,强化宣传引导,营造"孝亲敬老"良好氛围,如每年开展"最美家庭""五好家庭"评选,在社区展示孝文化主题活动剪影;与新杨中学校社联建,开展小手拉大手活动,各种亲子活动拉近了老人与小孩的距离,既培养了孩子的敬老之心,又减轻了老人的孤独感。此外,樱花苑居委还将原来破旧的围墙改造一新,用名言警句文化墙宣传敬老文化,让孝亲敬老文化根植于居民内心。

图4　名言警句宣传文化墙宣传孝亲敬老文化

（三）创新科技赋能，多场景应用智能"利老"防护

为解决高龄老人、独居老人等特殊老年群体居家安全问题，减少意外事故造成的伤害，樱花苑居委积极探索"党建＋智慧养老"模式，有效整合网格内党支部、党员志愿者、物业等力量，重点聚焦社区为老服务数字化转型，通过创新科技赋能，系统发展智能"利老"防护设施，植入多个"数字拐杖"，打造老年人安享晚年的幸福家园。

1. 防跌倒系统显实效

2022年，樱花苑居委针对社区高龄、独居老人等特殊老年群体，给33户老人安装智能人体行为感知摔倒报警系统，精准监测老年人在家中不慎跌倒、无法移动等意外状况，及时向老人的子女或紧急联系人发出警报，实现针对老人的24小时智能看护。

2023年，樱花苑居委再次开展社区老年人摸排，扩大智能人体行为感知摔倒报警系统的安装范围，将防跌倒项目全覆盖该社区70岁以上老人和独居老人，新安装40户，截至2024年3月共计安装73户。

2. 睡眠呼吸监控再助力

樱花苑为40户独居老人家庭安装睡眠呼吸监控系统，通过"大数据＋一键呼救"系统，建立"子女、网格、社区"三级响应机制，进一步降低高龄独居老人在家中无人看护的情况下发生意外伤害及事故的可能性。

3. 多种智能设备齐显能

樱花苑居委在上述科技赋能助老项目之外，还将多种智能设备引入社区，提升居民生活品质，保障居民生命财产安全。例如，启动智慧停车系统，使道路更加通畅；安装高空抛物监控，使社区居民活动和出行更安心；启动消防通道占用报警机制，应急保障更完备；安装楼道精准烟感器，楼户安全性再增强；启用电梯二维码、磁卡、远程协助乘梯等智能系统，方便老人的同时保障其他居民的安全。

三、创新与成效

樱花苑社区在创建老年友好型社区的过程中,将"党建+N"融入各项工作,与时俱进地发掘老年人的需求;在加装无障碍电梯中推广"加梯支付宝""电梯维修保险",探索并验证"金融+梯"新模式。

（一）以党建引领为内核,"主体导向"凝聚社区共识

樱花苑党总支下设2个支部,构建老年友好型社区的核心支柱,将"党建+N"融入各项工作中。在"多功能"社区党群服务站,老年党员主动参与接待、解答、组织等服务,并活跃在体育活动、法律咨询、读书学习、健康护理等多个领域,是"党员先锋模范作用"在最一线的体现。

老年党员和志愿者担任着"传声筒""润滑剂""智囊团"的角色。以党群服务站和"红色议事厅"为抓手,小区召开常态化的"老伙伴"团队会议,一方面收集广大老年人的诉求上传到党总支,另一方面将社区重点工作传播出去。

以社区中心花园改建为例。在设计、施工和完善过程中,居委广泛听取了大量老年居民的建议,最终平衡了文体活动、亲子活动、休憩等功能的场地分配,甚至一举解决了广场舞活动与扰民的矛盾。

（二）以动态实践为方法,"需求导向"提升精细管理

与时俱进发掘老年人的需求,并用于接下来工作的改进,是樱花苑小区优化社区治理的"法宝"。樱花苑居委通过调研发现,高龄独居老人因在家发病无人发现而错过最佳治疗时间的事故时有发生。因此,樱花苑小区引进"人体行为感知摔倒报警系统",在保护老人隐私的前提下,精准监测老年人的各项意外状况,及时向老人的子女或紧急联系人发出警报。

在"打通绿色通道,构建美丽家园"项目中,樱花苑小区组成专项工作组,逐楼、逐层、逐户地上门征询意见,最终通过综合改造,使小区车位净增348%,解决了因小区道路堵塞导致消防车、救护车进入难的问题;补种了近3 000棵各类植物,真正营造了老年人满意的宜居氛围。

（三）以敢为人先为突破，"创新导向"突破民生难题

作为桃浦镇首个实施居民楼加装无障碍电梯的小区，樱花苑小区率先探索并验证"金融＋梯""加梯支付宝""电梯维修保险"等新模式。

这些实实在在的举措对期盼加梯已久的老年居民而言，正是消除其顾虑、减轻其负担的"及时雨"。最终，加梯工作顺利在樱花苑落地。2022年的加梯集中签约仪式上一次就签了15台，加梯"覆盖率"达到了小区可加梯楼栋的一半。截至2024年3月，樱花苑完成并投入使用的电梯有9台，新签订加梯合同8份，预计2024年年底全部完成。

四、启示与展望

加装电梯、改造休闲广场、改建健康小屋、引入智慧助老设备……樱花苑的居民们迎来了"全方位"升级的便利生活，樱花苑的老年人们更是体验到了安心适意的老年生活。樱花苑社区积极配合，营造温馨社区，经过多年的努力，小区先后获得全国综合减灾示范小区、上海市文明小区、上海市五星级老年学习团队、上海市绿色先进示范社区、2022年上海市老年友好型社区、最靠谱"红色堡垒"、普陀区五星党支部、普陀区先进基层党组织等各级荣誉称号。

樱花苑居委一直本着"社区在我心中，我在群众之中"的理念，及时听取居民意见，让每一项改造的出发点和落脚点都以群众的幸福感、获得感、满足感为宗旨，在推进过程中加强与居民的沟通，持续获得居民的理解和支持，避免发生投诉和冲突，把各项工作细节一一落实好，让居民拥有实实在在的生活便利。社区居委会书记说，未来将继续加强社区共治，一切从社区居民尤其是老年居民的需求出发，全方位建设和完善各项服务体系，使樱花苑社区成为普陀区整体情况较好、社区群众满意度较高、幸福感较强的社区之一。

（报送单位：普陀区桃浦镇樱花苑社区）

专家评析

　　本案例中的樱花苑社区为城市老年友好型社区。樱花苑社区在改造过程中,为了更好地满足老年居民在居住环境、日常出行、健康服务、社会参与和精神文化生活等方面的需要,群策群力、共治共享,从居民需求出发,从小细节做出大文章。特别是小区加梯工作推进中敢于创新,在加梯施工前就已经通过购买保险、资金托管、分期付款等金融手段,一站式厘清了电梯施工中的资金监管问题和后续运营权责归属问题。

　　通过探索,樱花苑社区走出了一个"大金融＋自治力"的老小区加梯范本,形成一套具有桃浦特色的加梯工作模式,即一套专业班底、一个行业联盟、一本加梯手册、一个掌上加梯小程序、一个"以奖代补"政策,具有较强的可借鉴性、可复制性和可推广性。

宋　锐

上海市黄浦区精神卫生中心　副院长

共商共建共治：社会共绘老有颐养幸福养老圈

建六社区地处黄浦区淮海中路街道，是中国共产党的诞生地、初心始发地、伟大建党精神孕育地所在街道。该社区由健乐小区、马当小区、建德坊、复兴苑和淡水公寓5个小区组成，总占地面积约为14万平方米，共1990户，常住人口4480人，60岁以上老年人有1681人，约占社区总人口的37.5%；65岁以上老年人有1503人，约占社区总人口的33.5%；80岁以上高龄老人有355人，100岁以上老人有3人；老年人中独居的有160人，失能老年人有34人；老年家庭中有空巢家庭760户，失独家庭7户。

一、背景与动因

建六社区是由售后公房与商品房小区组成的综合性社区，既有高层住宅，也有6层及以下多层住宅，相继建成于1983年到2002年之间。楼龄最长的超40年，该社区总体住房设施较为老旧，环境杂乱，安全隐患多。同时，受限于小区原有建设规划，公共空间狭小，服务设施缺乏，活动空间少，居民生活、社交受限，多层住宅中老人下楼难的问题十分突出，老年居民要求改善居住环境的呼声较高。

建六社区地理位置优越，寸土寸金，周边有2个地铁站、3条地铁线路，交通设施便利，生活服务设施密集，衣食住行就医便利可及，但房屋置换成本高。在生活习惯、家庭环境、社交关系等多种因素的综合影响下，建六社区80%的老年居民倾向于居家养老。

二、举措与机制

建六社区始终坚持以人民为中心的发展思想，坚持需求导向、问题导向、效果导向,充分调动辖区内机关企事业单位、社会组织、青年实践团体等多方主体的积极性,通过持续推进的"小尺度、渐进式"社区"微更新",改善人居环境,彰显"民生温度"。

(一) 共商共建念好"五字诀"——情暖民心

1. 产生"内驱力",吸纳居民积极参与

建六社区始终坚持以人民为中心的发展思想,成立了社区老年宜居环境综合改造领导小组,以社区党总支书记为总负责人,社区各片区块长为负责人,楼组长为小组成员,老龄社工、民政社工、卫生社工为专业支持人员。领导小组负责综合改造工作的组织领导、统筹协调、督促检查等,工作开展中主动问需,积极倾听老年居民的声音,了解他们的具体需求和期望,根据实际情况制订改善居住环境的计划和方案,确保各项改善措施能够真正满足居民的需求。

坚持需求导向、问题导向、效果导向,社区走访老年居民家庭,以"三会制度"为重要抓手,充分发挥"零距离家园"、物业联盟等议事平台的治理效能,动员街道、居委会、业委会等多元主体联动形成社区治理共同体。多次召开座谈会、意见征询会,加强与老年居民的沟通和互动,听取老年人的意见和建议,鼓励他们参与综合改造工作的决策和实施,不断修改完善改造计划,念好"深、实、细、准、效"五字诀,真正把群众的"金点子"转化为改进工作的实际举措,增强老年居民对于改造项目的认同感和配合度。

2. 扩大"朋友圈",推进社会力量广泛融合

社区依托党建引领,充分调动辖区内机关企事业单位、社会组织、青年实践团体等多方主体的积极性,为本次老年宜居环境建设凝聚力量。

在加梯推进过程中,有居民楼受到了地下民防工程和道路红线的双重影响。依托党建联建,社区搭建部门、街道、实施单位与居民间的协商共治平台,发挥基层民主的作用,在各部门多次会商和专业指导下，完成了施工方案的优化调整，使居民楼克服了"先天"困难，加梯工程最终得以顺利实施。

社区还组织爱心企业上门送资源，联合友邦公益团队推出"友邦友爱·乐龄计划"，修缮和改造社区老人休闲设施设备，参与公共区域的适老化改造。爱心企业为社区捐建了"乐龄议事亭"、社区爱心座椅等，丰富了老年人在社区中的休憩设施，也满足了老年人在社区内的社交需求。

图1　爱心企业捐建的"乐龄议事亭"

（二）屋内外适老化改造——住得省心

建六社区历经多年变迁形成的社区面貌，无法通过"大拆大建"来提升整体品质。2023年，建六社区投入200多万元对社区整体环境进行改造升级，通过持续推进的"小尺度、渐进式"社区"微更新"，社区环境显著改善，彰显"民生温度"。

1. 加装电梯解决下楼难

罗阿姨是建六社区一位年过80的高龄居民，居住在多层老式居民楼的6楼，腿脚不便，不能独立下楼，需要子女搀扶或者背着才能下楼，其子女也年近六旬，体力有限，为了减少麻烦，罗阿姨很少下楼活动。建六社区还有不少和罗阿姨一样的高龄老人存在下楼难的问题，给旧楼加装电梯一直是这些住在高楼层的老人多年来的心愿。建六社区通过引入"梯小二"微信小程序，居民可以方便地提出自己的加梯意愿，在了解了居民"要不要装"电梯的意愿之后，居委协助指导有加梯意向的楼栋居民逐步完成"能不能装"和"怎么装"等后续流程。

建六社区充分发挥居民自治的作用，在加梯意愿征集、地质勘察、方案设计、资金筹备、推进施工、物业管理等方面综合发力，争取居民支持，协调解决问题，确保项目顺利实施，做到了符合加装条件的"应装尽装"。截至2023年12月，建六社区内已加装竣工的电梯有5台，其中符合加装条件的住宅已全部完成加梯，极大地提高了社区内老年人的出行便利性，实现了老年人多年来的"电梯梦"。

加装电梯竣工后，社区对楼栋环境进行整洁美化，清理堆物，所有墙面均重新粉刷，铺设地砖。楼梯双侧均加装扶手，同时完成楼栋入口无障碍坡道改造，便于轮椅进出。

2. 适老化改造便利居家生活

建六社区充分考虑高龄独居、残疾老年人的实际需求，根据区民政、区残联等部门的政策扶持，按照"愿装尽装、能装尽装"的原则，因情施策，推进老年居民屋内的适老化以及无障碍改造，做到"一户一方案"。根据肢体支撑需要，引导老年群体在洗手间安装易于抓握、手感舒适的扶手或抓杆类产品；根据地面防滑处理需要，安装防滑贴、防滑垫等产品。对于老式售后公房中普遍存在的浴缸洗浴不便且不安全的问题，社区提供"浴改淋"标准化套餐服务，包括浴缸拆除、防滑处理、淋浴及助浴设备安装等服务。

　　老年居民在有对家庭设施进行适老化改造的意愿后，通过"上海市养老服务平台"，可以很方便地就希望进行适老化改造的区域提出申请，对于不会进行电脑操作的居民也可以由其家属、社区志愿者及居委工作人员代为申请。历时近一年，有对屋内厨房、卫生间等进行适老化改造意愿的老人家中100%改造完成，真正做到了"应改尽改"。

（三）社区公共设施微更新——住得舒心

1. 增设基础服务设施

　　社区老年人一直以来都喜欢聚在几个社区小角落，自带板凳桌椅聊家常，为此，街道增设了爱心座椅、歇脚凳等，上面还搭设了遮阳板，让老年人在小区内随处可休憩，随处可聊天，随处可感受到家的温馨。

　　建六社区还对小区主入口进行了改造，增设单独人行道；主入口两侧墙壁增设照明灯，让居民夜间行走更加安全。对原有的户外健身场所进行翻新，拆除原有围墙，拓宽活动场地，方便老年人进出，重新铺设地胶，针对老年人的生理特征，安装了踏步机、拉力牵引器等轻度恢复性健身器材，满足不同身体状况的老年人的健身需求。社区内仍有部分住房为非成套住房，不少老年居民需要共用住房设施，社区特别新增公共晾衣架，方便居民晒衣晒被。

图2　健身场地翻新

2. 拓展老年人活动空间

为满足老年居民的社区聚集社交需求，建六社区多次组织第三方勘察地形，在紧邻三面居民楼外墙的位置见缝插针式地"挤"出了一块室外活动空间。三面建设高台种植花草，高台下搭建座椅，还摆放了户外休闲座椅和遮阳伞。同时，考虑到老年居民夜间活动需求，在花坛和座椅下沿均加装灯带，遮阳伞上也安装了照明灯。居民可在这里拉家常，夏季这里还举办"纳凉会"，共商共议社区大小事务，被居民亲切地称为"围炉茶话"。

建六社区内部的长者照护之家一直以来仅面向入住的老年人开放，为了让社区内部的其他老人也能享受到专业机构养老的资源、空间，长者照护之家进行了外围与内部的更新，庭院调整为老年人的微型"高尔夫球场"，一楼的办公与住宿区域调整为多功能活动室与阅读、康复、远程诊疗区域，实现了"无围墙的养老院"。

（四）科技赋能社区建设——住得安心

1. 开发运用社区智能养老设施

建六社区作为数字化智慧社区建设试点，通过开发社区智能养老应用场景，探索为社区老人提供一个安全、舒适、便利的现代化、智慧化生活环境，为解决空巢、独居、失能老人的生活照料和长期护理难题进行了有益的尝试。

社区将传感器、物联网和人工智能技术应用于社区设施管理，例如：烟感器、燃气检测装置、防跌倒报警器、智能垃圾柜和智慧电表等智能终端设备，将所有的监测数据融入"智慧社区"App，实现最小单元一网统管，让老年人的安全更有保障。此外，社区还建立社情民意线上直通车，例如健乐小区率先推出"健乐一键通"App，提高了问题线上反映、线下处理的时效。

建六社区还为高龄独居老人免费定制智能养老包，根据老年居民的申请，免费派发智能床垫、智能枕头等，通过采集、分析使用者的数据,生成健康报告及时发送至其亲人手机上,避免意外情况的发生。

2. 安全教育和志愿服务并行

建六社区房龄较老,管线复杂,老化严重,为此,社区加强日常巡检,注重安全隐患排查。社区组建防灾减灾应急队,建有微型消防站以及消防组织网络。2023年,社区还为老年家庭更换燃气软管,切实提高居民居家的安全系数。社区安装的多品类再生资源智能回收箱,使得居民在家门口就能享受到便捷高效的可回收垃圾有偿服务,省时又省力的同时,也告别了"囤"垃圾造成的公共空间堆物和安全隐患。

三、创新与成效

建六社区共投入200多万元对小区环境进行改造升级,如对小区主入口进行了改造,增设单独人行道,两侧墙壁还增设照明灯,让老年人夜间行走更加安全;拆除原有围墙,拓宽活动场地,对原有的户外健身场所进行翻新,重新铺设地胶,增设爱心座椅、歇脚凳等。

持续推进的"小尺度、渐进式"社区"微更新",让老年人在小区内随处可休憩,随处可聊天,随处可感受到家的温馨。小区先后荣获全国防灾减灾示范社区、全国示范性老年友好型社区等荣誉,众多媒体对此进行了宣传报道。

（一）共建共治,共享幸福养老圈

建六社区在对社区整体环境进行宜居改造后,社区环境更加友好。改造完成以后,在居民实际生活中,往往会产生不文明使用公共设施、损坏绿化等管护难题,需要调动居民自治的能动性,使其自觉维护生活环境。社区居民既是得益者,也是责任人。

建六社区在健身场地、"围炉茶话"等地设立了党员"责任田",由党员轮流照看并维护小区新修缮区域,及时劝阻不文明行为,发现需要维修的问题及时上报。为方便居民自主养护花草绿植,社区还特别修建了雨水收集系统,打开花坛下的水龙头就能收集到屋顶流下来的雨

图3　"围炉茶话"

水,就近浇灌绿化花草。

(二) 家长里短,倾听民声"心愿墙"

建六社区从规划改造到后期管养,全过程践行人民民主。建六社

区中有一片种植时间超过40年的葡萄藤,是一位年近七旬老年居民的父亲在世时亲手种植的,承载着多位社区老人的厚重记忆。建六社区在更新改造过程中,特别设计安装了一套木架,供葡萄藤攀爬生长,并在葡萄藤架两侧专门开辟了"心愿墙";南侧张贴已完成的心愿,北侧张贴未完成的心愿。

一块块彩色亚克力板上写满了居民的心愿和感

图4　社区心愿墙

言,其中有为新增小区公用设施提意见的,有渴望丰富精神文化需求和情感陪伴的,也有对于求医问药更加便利的期待,还有表达对社区工作的支持和感谢的。心愿墙上还张贴了二维码,居民拿起手机扫一扫填写心愿单并提交后,社区后台有专人跟进并反馈。

四、启示与展望

建六社区紧邻新天地、淮海中路两大国际化商圈,商超密集,同时马路小店林立,烟火气浓重,但社区住房设施较为老旧,环境杂乱,管线老化,安全隐患多。面对现状,在市、区各级部门的支持下,建六社区结合街道"一街一路"建设规划,借力美好社区先锋行动展开老年居住环境友好化改造,并且将其列入年度重点民生实事项目。通过与街道多部门联动、统筹资源、群策群治,力图在推进社区环境综合提升,展现友好社区,完善配套公共服务,推动解决社区老年人的操心事、烦心事、揪心事,提高老有颐养幸福指数。

未来,建六社区将继续推动人居环境品质化建设,不断地改善老年人的居住环境,使得居家养老更加便捷;同时,关注老年人的身心健康和生活权益,聚集和发挥各类社会资源的作用,使老人在养老、医疗、生活照料、精神面貌等各方面的权益均得到保障,做深做实"老有颐养幸福养老圈",成为市中心宜居宜养宜游的优质社区。

（报送单位：黄浦区淮海中路街道建六社区）

专家评析

建六社区始终坚持以人民为中心的发展思想,所有改造项目均融入老年生活场景,精心考虑老年人的实际需求,努力把惠民生、暖民心、顺民意做到居民的心坎上。

一是念好"深、实、细、准、效"五字诀,真正把群众的"金点子"转化为改进工作的实际举措,不断增加养老服务供给;二是在丰富老年人精神文化生活的同时,着重回应老年人对社区宜居环境综合改善的需求和期望;三是针对老年居民的生理和心理特征,通过社区适老化改造和整体综合改造,强化居住的安全性和环境的舒适性,建设老年宜居社区环境。建六社区的实践,对城市社区"微更新"时老年友好型社区建设具有较强的可借鉴性、可复制性和可推广性。

宋　锐

上海市黄浦区精神卫生中心　副院长

"破墙合体"展新颜，"一脉三园"筑同心

辽源花苑社区位于杨浦区江浦路街道，由原辽源西路190弄、铁路工房、打虎山路1弄3个自然小区"破墙"融合而成，总占地面积约1.2公顷，共427户，常住人口1 355人，居民老龄化程度高，60岁以上老年人有604人，约占社区常住人口的44.6%；65岁以上老年人有249人，约占社区常住人口的18.4%；80岁以上有83人；老年人口中，独居的有13人，失能的有32人；老年家庭中，空巢18户，失独2户。

一、背景与动因

辽源花苑社区包含的原辽源西路190弄、铁路工房、打虎山路1弄3个自然小区的房屋房龄均已超过20年。其中，辽源一村铁路工房更是有着37年"高龄"的老公房。3个自然小区在硬件空间上呈现"四多"的特点，即产权单位多、房屋类型多、历史遗留问题多、小区出入口多；在社区治理和居民感受上呈现"五低"的特点，即面积小、物业费标准低，物业费收缴率低，物业管理水平低，居民自治参与度低，满意度更低。老旧的设施、脏乱差的环境、缺乏居民参与的社区治理，给这3个自然小区带来了许多困扰，居民投诉率高。

二、举措与机制

为了整治这片投诉不断的管理洼地，有效改善在地老年人的居住环境，方便老年人日常出行和享用生活服务，江浦路街道坚持建设老年友好型社区，通过走访、调研识别出3个方面的更新挑战，即社区缺少适老化设施、活动空间品质较低和居民归属感缺乏。

在区政府及相关部门的支持下,以满足老年人日益增长的多元化需求为导向,街道提出整合、融合与和合的三步递进式解决策略,实施从适老到享老的温馨家园进阶之路。

(一) 温馨适老1.0——从无到有,社区服务便利可及

2015年,在街道的统筹协调下,社区将位于辽源西路190弄住宅区内的原华生电器电扇六厂整改为杨浦区第一家综合睦邻中心。中心围绕"居民家门口的会所"的定位,在为居民提供便民生活、休闲娱乐、文化体育、个案服务、婴幼儿教育、养生保健等全人群服务的基础上,进一步为居民搭建有效的互动交流和自治的平台,积极打造有温度、有活力的睦邻空间。睦邻中心还设立了五环家庭医生卫生服务站,每周定期为老年人提供健康状况评估、辅助检查和健康指导服务,为患病老年人提供基础医疗、康复护理等服务。社区老人不出小区就能看病就医。小区居民陈阿姨说,家庭医生工作站的药比较全,不用跑到街道卫生服务中心或者医院去开药了,而且工作站里还提供中医推拿服务,她每周一、三、五都会去做推拿。

小区周边有社区15分钟生活圈规划的综合为老服务中心、老年人日间照料中心、社区长者食堂等为老服务设施,为老年人提供多元化的社区养老服务。

(二) 温馨适老2.0——从表到里,适老人居全面改善

随着位于辽源西路190弄住宅区内的睦邻中心的建成与运行,一墙之隔的打虎山路1弄、铁路工房的居民要求能更方便地享受睦邻中心的服务,这凸显了住区围墙分隔带来的不便。2018年,借着美丽家园建设的东风,在区委、区政府的大力支持下,江浦路街道投入1 545.6万元,将原辽源西路190弄、打虎山路1弄以及铁路工房3个独立住区"破墙合体"形成辽源花苑社区。

"三区合一"后,拆除围墙80米,拆除腾挪用房设施255平方米,新增慢行步道200米、睦邻花园300平方米、健康广场480平方米,有效整合提升了车行、慢行、安防、建筑修缮、公共空间和服务设施六大系统。"三区合一"重塑了公共空间结构，构筑了"一脉三园"公共空间体系。

一条"健身康体脉"贯穿整个社区，串联三园，联动内外。健康活力园位于原三住区交界地带，占地480平方米，包括共享文化广场、儿童游戏场和全龄健身广场。健康活力园中间矗立的"三合一"主题雕塑，同文化景墙一起讲述今昔蜕变。社区休闲园利用街角地块和商业裙房，植入社区食堂、社区商业和户外社交等功能，通过破墙开门实现内外联通。睦邻文化园是在睦邻中心周边破围后的空地上设计的曲径通幽的小花园，蜿蜒的步道串联起家庭医生工作站和睦邻中心。

图1 健康活力园改造效果

（三）温馨适老3.0——从公到共，老有所为多元多彩

通过对小区内车行、人行道路进行重新规划，铺设了沥青路面，并保持社区主干道和老年人活动场所路灯明亮，设置了门岗和门禁，保障社区安全。打虎山路作为辽源花苑社区的一条主干路，老人的日常出行都离不开这条马路，为了方便老人的出行，社区对马路两边的步行道

进行硬化处理,修缮破损路面,保持道路平整,临马路侧增设安全护栏,更换不亮路灯,保障老人安全出行,步道上设有多处休闲空间和座椅,附近设有公共厕所,方便老人就近活动。

针对3个小区老龄化较为严重的现状,社区提出多层次适老化空间设计策略,通过适老化专题研究,总结了老人的需求金字塔从低到高分别是减少孤独、互帮互助、情感认同、亲密交往和价值实现。同时,根据老年人的日常习惯,总结中、低、高龄老人的不同活动规律,比如50～70岁中低龄老人活动能力健全,日常活动圈范围为小区及周边直径1 000米以内;女性中低龄老人喜爱组成团体,偏好歌舞、遛狗、养花草等活动;男性中低龄老人喜爱健身、散步、玩棋牌、阅读等活动;80岁以上的高龄老人因活动不便,偏好在家门口就近活动,活动内容以休憩、晒太阳等为主。

社区构建了适用于公共空间和住宅建筑的六大类适老空间更新体系,分别包括活动模块、绿化环境、慢行无障碍、楼道空间、室内空间和楼栋单元口。结合光、风环境分析和中、低、高龄老人的分布规律,因需制宜,就近布局多元适老场景,如休闲疗养角、种植单元、文化廊和疗愈花园。

三、创新与成效

五环居民区以党建为引领,发展社群共育人文,将3个陌生住宅区变为大熟人社区;通过业委合一、物业统一、多方党群合力打造辽源花苑社区治理共同体,引导和组织老年人参与社区建设和管理,打造老年人宜居新环境。

(一)三大创新特色

1. 统筹资源,打造老年人宜居新环境显贴心

一是将适老化理念融入美丽家园建设。在落实美丽家园改造规划时,在小区步道、健身苑点以及社区公共区域设置休闲空间和休息座椅,进一步提升社区公共空间的适老化程度。

二是聚焦居家安全，推进居家适老化改造。聚焦社区老年人需求比较集中的居室防滑、安装扶手、浴缸改淋浴等问题，实施个性化的改造方案，提升老年人居家养老的安全性、便利性和舒适性。

三是关注老年人出行难题，推进加装电梯实事项目。通过政策引导、居民自治等多种方式，积极推进既有多层住宅加装电梯。

2. 丰富载体，提升老年人服务新能级营舒心

一是努力打造15分钟养老服务圈。在现有的公共资源和场地的基础上，积极挖潜，拓宽思路，通过引入社会资源等方式，努力打造便捷的15分钟养老服务圈，通过建设综合为老服务中心和家门口养老服务站，为老年人提供医疗健康、机构住养、生活照料、助餐、辅具租赁、文化活动等多元化的社区养老服务。

二是积极推动智慧助老行动。主动链接社会组织和养老服务资源，开展老年认知障碍友好社区建设，为社区认知障碍、失能失智等老人及其家属提供早期干预、健康指导等服务。实施高龄独居老人"一键通"应急呼叫服务，为老年人提供紧急救助、关爱慰藉、信息咨询等服务。开展长者智能技术运用提升行动，聚焦涉及老年人生活、办事的高频事项，如就医、出行、亮证、扫码、聊天等，每月开展智能手机操作、数字生活课堂等主题培训小课堂，帮助老年人跨越"数字鸿沟"。

三是将卫生站升级成为居民健康管理枢纽。杨浦区卫健委和新华医院共同为社区"把脉"，把"社区康复"作为五环家庭医生工作站的特色定位。江浦—新华"全—专"联合医疗团队紧贴居民健康需求，在前期健康科普月月讲的基础上再升级，打造社区百姓健康科普基地。72岁的王老伯说："家门口的健康福利很多，不仅能配药看全科医生，还能见到新华医院的专家。"

3. 搭建平台，满足老年人社会参与新需求筑同心

一是通过志愿服务促进老年人的社会参与。社区通过多种形式引导和组织老年人参与社区建设和管理，使更多老年人"老有所为"。鼓

励社区老年人在推进实事项目、自治活动、楼组建设等过程中建言献策。同时,根据老年人的特长,社区组建了文明创建、治安巡逻、关爱服务等多支志愿服务队。志愿服务队中60岁以上的骨干队员超过40名。老年志愿者成为社区志愿队的重要组成部分。

二是丰富文体活动满足老年人的精神文化需求。老年协会、社区学校、文化中心、睦邻中心等机构,每年举办不少于20场的各类老年健康知识宣讲、艺术审美普及活动、文体活动,满足老年人的日常文化生活需要,丰富老年人的精神世界。

(二) 建设成效

1. 实施成效:从老破小到小而美,适老空间见温情

辽源花苑社区"一脉三园"美丽家园建设总投入1 545.6万元,利用围墙的减法,实现空间的加法和服务的乘法效应最大化。"三区合一"后,拆除围墙80米,拆除腾挪用房设施255平方米,新增慢行步道200米、睦邻花园300平方米、健康广场480平方米,有效整合提升了车行、慢行、安防、建筑修缮、公共空间和服务设施六大系统,形成"一脉三园"公共空间体系。辽源花苑社区先后荣获全国示范性老年友好型社区、上海家门口好去处等荣誉。

为促进新小区的长效管理,在五环居民区党总支的带领下,通过业委合一、物业统一、多方党群合力打造辽源花苑社区治理共同体。通过党建联建,开展井盖墙面共绘、党建微花园等微更新活动。以党建为引领,发展社群共育人文,将3个陌生住区变为大熟人社区,居民满意率超过90%,物业缴费率达87%,党群议事频率为每月至少1次。从名称共筹、文化共育、花园共建到全龄共议,老年群体的自治力和归属感持续提升。

2. 使用成效:从多离巢到争安巢,享老空间绽魅力

如今的辽源花苑,居民楼外立面粉刷一新,新铺的沥青路面,共享开放的社区绿地,满足社区老年人不同活动需求的健身广场、公共空间……社区老年人出行更加便捷,还能享受周边完善的社区服务。小

区周围还有综合为老服务中心、老年人日间照料中心、长者食堂等为老服务设施，老人步行最多15分钟，就能从家里到达设施所在地。不仅如此，在家里，老年人也能享受到便利的居家养老服务。居民楼阿姨借助社区适老化改造计划的实施，不仅增添了智能护理床，还改造了卫生间，不管是自己生活还是照顾卧床的老母亲，都方便了许多。家门口的"享老"空间吸引了更多人来此安居。

辽源二村拆迁后，一位老奶奶搬来这里，理由是环境好，有孩子玩和健身的地方。社区舞蹈队的发起者杨阿姨才入住1年，她称小区环境优美，邻里关系和睦，相对于旁边的新建小区性价比很高。杨阿姨喜欢跳舞，而睦邻中心和小广场很适合她与邻里一起跳舞排练。被居民亲切地称为社区园艺医生的李师傅表示，搬到这里能够被大家需要，发挥自身所长为小区绿化和微花园做贡献很开心。搬回来住的池老伯一早就来到辽源西路睦邻中心，与约好的邻居们一起打乒乓球锻炼身体。他说小区环境改善后他就回来住了，在这里认识了很多退休的老年人，大家相约一起运动健身。除了运动健身，小区居民还可以到睦邻中心学习烘焙、练舞蹈、看书写字……几乎每位老人都能找到适合自己的项目，中心已然成为居民家门口的"会所"。

四、启示与展望

辽源花苑社区从适老到享老，迈上大都市高龄老小区的进阶之路，引入专业力量，从室外到室内，以老人的五大社交需求为导向，打造温馨的适老空间并营造良好的社交氛围。根据不同年龄段老人的分布规律，因地制宜地设置活动设施。从社区到街区规划养老服务圈，打造家门口养老空间。践行党建引领多元共治聚合力，为老年人提供多样化的医养、学习、活动休闲等服务，实现从适老到享老的蜕变。开展多样化的社群活动，引导老人们从被动参与到主动参与，在丰富其精神文化生活的同时，使其收获认同感与归属感。

　　五环居民区党总支书记提到,住在小区的老年人能感受到满满的关爱与尊重,这是老年友好型社区的基本要求。未来,江浦路街道将在提升为老服务质量、方便老年人日常生活、丰富老年人精神文化生活等方面持续发力,统筹资源、搭建平台、丰富载体,不断深化宜居颐养的老年友好型社区建设,把贴心、舒心、安心的服务带到社区每一位老人身边。

（报送单位：杨浦区江浦路街道辽源花苑社区）

专家评析

　　本案例中的辽源花苑社区具有上海老城区典型的人文特点。社区以满足老年人日益增长的多元化需求为导向,提出整合、融合与和合的三步递进式解决策略:一是通过社区资源评估与挖潜,因地制宜地利用现有空间,提升服务能级,打破隔离,整合住区空间,共营温馨的适老家园;二是通过多层次需求感知与求同存异,建立完整的适老空间体系,为中、低、高龄老人提供精准化的服务和个性化的关怀,共享家门口养老;三是通过党建引领社区共治,和合共生实现家园共建,从适老到享老,切实增强老年人在社区的幸福感。

　　辽源花苑社区通过拆除围墙的减法,实现空间的加法,取得了服务的乘法效应最大化,成功打造了江浦路街道社区老年友好的治理"样板间",探索了面积小而难管、老龄化严重、交通不畅、环境杂乱、空间隔离、邻里冷漠、缺少互动的中心城区高龄老小区如何通过破围合体实现从物理到治理到心理的"三合一"路径,具有较强的可借鉴性、可复制性和可推广性。

宋　锐

上海市黄浦区精神卫生中心　　副院长

彭三"精神"缔造彭三"奇迹"：
圆新居梦，享新生活

彭浦新村街道第三社区（以下简称彭三）是建于20世纪五六十年代的多层老公房，是彭浦新村较老的工人小区。辖区面积约为10.71万平方米，有住宅楼42幢。居民区户籍总数为2 684户（不含公共户），户籍人口为8 118人，实有人口为5 419人；60岁以上的老人有2 405人，独居老人家庭有298户，纯老家庭有280户；现有低保126户，残疾435人，失独家庭30户。作为非成套的住宅小区，小区内厨卫合用、房屋面积小、采光差较为普遍，部分房间甚至常年都晒不到太阳。当年是令人羡慕的公房，后来却面临着年久失修、结构老化、屋顶漏水等越来越多的问题。为此，彭三借助上海市旧房改造政策落实的契机，推动旧房成套改造，缔造彭三"奇迹"，助力居民圆新居梦、享新生活。

一、背景与动因

彭三作为一个较老的工人小区，年久失修、设施简陋、结构老化、管线老化、屋顶漏水、地面积水、空间狭小、楼道堆物等问题曾长期困扰着小区居民。以上问题的存在，既影响了居民的生活质量，也制约了小区的发展。如何改善居民的居住环境，让曾经的劳动模范和先进工作者安度晚年，成为彭三居民区在城市发展中面临的最突出问题。借助上海市旧房改造政策落实的契机，彭浦新村自2007年开始推进旧房成套改造工作，经过15年的努力，彭三小区已完成了5期改造工作，共推动42幢老公房旧貌换新颜，让1 988户居民的生活环境更美好，"改"出美好社区、宜居生活，生动谱写人民城市旧改新篇章。

图1　居民区基本情况1　　　　　图2　居民区基本情况2

二、举措与机制

彭三借助上海市旧房改造政策,推动成套住房改造,先后20年历经5期改造,最终完成了整个社区的旧房改造。在旧改过程中,彭三注重发挥基层党组织的战斗力和党员的先锋模范作用,以党建引领聚力攻坚,跑出了旧改加速度;探索形成"改扩建""加层扩建""拆除重建"3种改造模式,精心绘就幸福蓝图。在旧改的基础上,彭三推动旧改与公建配套设施更新有效衔接和同步推进,不断深化社区嵌入式养老服务内涵,增加服务供给,提升服务能级,着力打造宜居颐养的老年友好型社区。

（一）党建引领聚力攻坚,跑出旧改加速度

在旧改过程中,居民区党总支始终坚持以人民为中心的发展思想,把人民群众的利益放在首位;注重发挥基层党组织的战斗堡垒作用和广大党员的先锋模范作用,坚持"支部在一线建立,干部在一线历练,精神在一线铸造,方法在一线提炼"的原则,充分发挥"四纵五横"党建网格运作体系的作用,推动了旧改工作的顺利进行。

纵向上,居民区党总支压实拧紧了居民区党总支、党支部、党小组、党员四级责任链条,确保了各级党组织和党员在旧改工作中能够充分发挥作用。横向上,居民区党总支将居民区5个党支部建在网格上,实行旧改工作队、党员志愿队、服务小组联合运作，形成了全方位、多层次的旧改工作格局。

针对班子和党员队伍整体呈现年龄偏大，毛病多、身体差，骨干党员少的现状，居民区党总支根据实际入住情况，重新梳理党员情况，对党支部进行整合。通过开展"五微五力行"活动，突出党员的先锋模范作用，致力于把党组织建设成为党员政治学习的阵地、思想交流的平台、党性锻炼的熔炉。坚持不断巩固"不忘初心、牢记使命"主题教育成果，以"一社区一品牌"为创建目标，在顺应新形势下社区治理新要求的基础上，立足社区旧改工作特色，突破新旧小区融合，硬件好、软件弱，底子薄、要求高、工作难开展的瓶颈，充分发挥党建核心引领作用，创造性地建立党建品牌——"旧改社区党旗红"，以全面提高党组织的战斗堡垒作用和党员的先锋模范作用。

为了更好地推动旧改工作，居民区党总支还开展了"旧改党员先锋行动"，通过"三亮""三联""三带"的"三三机制"，50余名党员骨干志愿者、100余名居民志愿者、30余名街道青年突击队"三队融合"，耐心地向群众宣讲政策，用心维护签约现场秩序，有效化解潜在矛盾。在彭三第5期旧改启动的当天，签约率就达到了96%以上，签约期内签约率和一个月内的搬迁率均达到了100%。

（二）精心绘就幸福图景，美好生活不止步

彭三旧改历经5期，形成"改扩建""加层扩建""拆除重建"3种改造模式，整个小区的旧改工作在2022年3月顺利完成。

第1期旧改主要采取"改扩建"和"加层扩建"的方式，主要是将公共扶梯移建至室外，并将原扶梯间和部分过道改造成居民独用卫生间，以解决卫生间合用的问题。这一期旧改共涉及258户居民。

第2期至第5期旧改采取"拆除重建"成套改造模式，规模上从点到面，从整幢改造到成片改造；内容上从单一到综合，从厨卫独用到电梯高层及生活配套，一期比一期的改善程度更高。第2期旧改从2008年

12月启动,居民于2010年3月回搬,共涉及144户居民;第3期旧改从2009年7月启动,居民于2012年7月回搬,共涉及285户居民;第4期旧改从2013年10月启动,居民于2018年3月回搬,共涉及423户居民;第5期旧改于2016年6月启动,居民于2022年3月回搬,共涉及878户居民。

在改造过程中,不仅对房屋结构进行了加固和更新,还对小区的环境进行了全面提升。新的绿化、道路、照明等设施的落地,让小区焕然一新,居民的生活质量得到了显著提高。在旧改的基础上,推动旧改与公建配套设施更新有效衔接和同步推进,一体化推进图书馆、社区食堂、中心花园、智能地下停车库、智能垃圾投放点等配套建设。不断深化社区嵌入式养老服务内涵,增加服务供给、提升服务能级,着力打造宜居颐养的老年友好型社区。其中,社区食堂日均就餐老人达到600人次,停车库配备307个共享充电桩,这些设施极大地满足了居民群众的就餐、出行等需求。

（三）老年生活乐安康

彭三是一个充满活力和人文关怀的社区。小区内设有3个健身区域以及休闲长廊,为老年人提供了一个理想的健身和休闲场所。在这里,老年人可以锻炼身体,交流思想,享受美好的生活。

在休闲长廊中,彭三打造了彭三变迁时光轴,通过展示小区的历史变迁和文化底蕴,让居民更加了解和热爱自己的家园。同时,小区还定期举办"读彭三故事,品彭三旧改"活动,让身边人说身边事,增进居民间的情感交流。

为了丰富老年人的娱乐生活,彭三睦邻中心开设了气功、合唱、排舞、乒乓、走秀、编织等各类课程。这些课程不仅让老年人的生活更加丰富多彩,还提高了他们的社交能力,有利于其身心健康。

在硬件方面,活动室配备了乒乓桌、钢琴、老年爬楼机等设施,为老年人提供了更加便捷和舒适的活动环境。在软件方面,社区定期开展便民服务以及各类讲座和活动,让老年人不出小区就能接收各种信息和新知识,体验各种有趣的活动。

　　为了鼓励子女常来探望年迈的老人,小区就此推出多项惠民举措。例如,对于子女来看望老人的临停车辆发放停车亲情卡,当日免费停车2小时。这项暖心服务举措为子女探望老人提供了便利,无形中增强了子女们前来探望老人的意愿。

　　彭三为老年人创造了一个充满活力和人文关怀的生活环境。在这里,老年人可以享受到丰富多彩的娱乐生活。

　　彭三拥有丰富的社会资源,彭浦新村派出所、城管中队、静安区图书馆、社区食堂、有线电视营业厅等办公场所的配置,大大提升了居民生活的安全感和便利度;小区周边菜场、医院、学校、超市配备齐全,居民们的获得感满满,日子也过得越来越踏实。

图3　养生讲座

图4　排舞队演出

图5　健康义诊

图6　舞蹈排练

（四）健康食堂安心享

彭三4期改造完成后，社区食堂的开业成为社区老年人的一大福音。自2020年起，彭浦新村街道开始开展社区食堂服务标准化试点工作。在这一过程中，街道建立了《彭浦新村街道社区食堂服务标准体系》，涵盖了社区食堂服务、管理、安全等方面的内容，为社区食堂的运营提供了明确的规范和指导。社区食堂每天提供早、中、晚餐和下午面食点心服务，日均供餐能力可达600客以上，为老年人提供了更加便捷、多样化的餐饮选择。

社区食堂管理者在《中国居民膳食指南》的基础上，充分考虑老年人多发基础疾病饮食禁忌，进行了科学配餐。社区食堂的菜品多采用炖、煮、蒸、烩、熘、清炒等烹调方式制作，细软易消化，保证老年人的饮食健康。同时，社区食堂还注重营养均衡，根据老年人的身体需求和活动水平，合理控制热量和营养元素的摄入，以预防和控制慢性疾病的发生。

除了常规的餐饮服务，社区食堂还专门为有需要的居民提供专业定制服务。针对高血压、糖尿病等慢性疾病患者，食堂制定了相应的套餐或者是术后恢复营养餐，以满足居民的特殊饮食需求。这种个性化服务不仅体现了社区食堂的人性化关怀，也帮助老年人更好地进行健康管理。

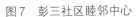

图7　彭三社区睦邻中心

图8　社区食堂

此外，社区食堂还注重营造舒适温馨的就餐环境。餐厅内宽敞明亮，设施齐全，为老年人提供了愉悦的用餐体验。同时，社区食堂还经常组织各种文化活动和健康讲座，让老年人在享受美食的同时感受到社区的温暖和关怀。

彭三社区食堂因在食品安全、就餐环境、餐品价格等方面的出色表现，荣获了"2022年度十佳上海市养老服务机构健康食堂"的称号。这也是静安区唯一一家上榜"十佳"的社区食堂。

三、创新与成效

如何改善人居环境，让曾为国家建设作出贡献的劳模、先进工作者安度晚年，成为城市更新发展中面临的最突出问题。彭三从起初的原地扩建到原地重建，从组团改造到成片改造，从注重成套到注重质量，从单纯住宅改造到小区环境和社区配套设施的整体完善，前后虽然有多种不同类型的规划，但始终坚持小规模、渐进式的"有机更新"原则。历经15年的探索和实践，街道和社区在非成套旧住房改造工作中探索出了"改扩建""加层扩建""拆除重建"等多种改造模式；在规模上从点到面，从整幢到成片再到整小区改造；在内容上从单一到综合，从厨卫独用到电梯高层到生活配套，"一期比一期改善程度高"。

彭三的旧房改造不仅改变了小区的面貌，也提升了居民们的生活品质。改造后，小区内立起的一栋栋高楼，取代了昔日的旧房，居民们也从原本的平房搬进了电梯房。房屋都拥有独立的厨房、卫生间以及阳台，这为老年人们提供了舒适的生活空间。宽敞明亮且整洁的楼道间，也更加方便老年人的出行。对于行动不便的老人来说，他们再也无须担心轮椅无法上楼。这种变化不仅让居民的生活更加舒适、便捷，更充满人情味。

（一）创新群众工作方法，精细服务全链条

彭三居民区党总支积极探索新时代党的群众路线，总结形成"群

众工作八法",通过深入了解群众需求、积极解决群众问题、探索改造模式、总结群众工作方法、全链条服务以及推动社区群众发挥作用等多种方式,扎实走好新时代党的群众路线。

在旧改过程中,通过召开数百场居民座谈会,街道和社区旧改工作人员深入倾听居民的呼声和诉求,推动诉求精准传递、服务精准投送、问题精准解决,探索形成"改扩建""加层扩建""拆除重建"3种改造模式;始终坚持全链条服务,从改造前的房屋勘测、两轮征询、居民签约、居民搬场,到改造时的过渡搬迁、矛盾化解,再到选房、回搬等环节,始终把居民放在第一位;量"户"定制114个房型方案,千方百计地为居民解决难题、争取利益。在提高了工作效率的同时,也增强了群众的获得感和满意度。尤其是彭三小区第5期旧住房成套改造项目涉及居民878户,在当时是全市最大的旧住房拆除重建改造项目,创造了全市旧改的"双百奇迹"①。

(二) 化解居民内心的"疙瘩",让民众成为"编外力量"

除了改造方案这样的难题之外,如何化解居民内心的"疙瘩"也非易事。有居民把家庭矛盾、生活困难方面的问题与签约、搬场捆绑在一起,大大超越了旧改的工作范围,给签约、搬场工作增加了更大难度。街道和社区旧改工作人员引入陆金弟人民调解工作室、心达社区心理咨询服务社等专业机构,帮居民断"家务事"、了"烦心事"。同时,运用邻里劝说法等,让居民成为"编外力量",义务承担起政策宣传等职责。

此外,积极推动社区群众"身边人"发挥作用,请他们走门串户当好宣传员、会计员、调解员,心明眼亮地算好政策账、经济账、和谐账。这些"身边人"在旧改工作中发挥了重要作用,为打赢旧改"攻坚战"凝聚了共识和强大合力。

---

① 项目于2018年100%签约生效;2019年3月,一个月内居民100%外出过渡。

（三）打造"彭膳坊"品牌项目丰富老年人的精神文化生活

1. "跟着奶奶学养生"——打造"健康"彭三

以个人带动家庭的形式，邀请辖区共建单位（社区医院、市北医院）开展针对老年人的养生讲座、义诊等活动，让老年人走出家门，营造和谐的社区氛围。

2. "跟着妈妈学做菜"——打造"活力"彭三

整合社区食堂、彭浦初级中学校、静安区图书馆等社会资源，开展各类青少年活动，让孩子了解中国美食文化，通过孩子带动父母和祖辈的形式，吸纳社区其他力量，丰富"彭膳坊"活动内涵。

3. "幸福在彭膳"——打造"文化"彭三

在前两年开展社区一居一品的基础上，继续开展大家喜闻乐见的传统文化活动，如通过中医膳食文化、楼道美食文化、美食达人活动等，为社区达人、能人创建展现自我的平台。

四、启示与展望

彭三小区采用"原拆原建"的方式，使得居民们不用搬迁到人生地不熟的"乡下"，原有的居住氛围和邻里关系都得以延续。今天的彭三，小区环境舒心，生活设备齐全，社区各项管理有序，邻里关系友好。在社区硬件设施大大提升后，居民区更为注重社区软实力的提升，让老人们在物质生活得到满足的同时，收获更多的精神财富。

彭三居民区将在现有基础上，努力提高社区老年人的生活品质。社区将密切关注老年人多层次、多样化的需求，为他们提供优质的服务，在更高水平上实现老有所养、老有所医、老有所为、老有所学、老有所乐。

彭三将以中国传统文化为主题，打造"彭膳坊"品牌项目，以"二十四节气中的膳食文化"为核心理念，从老、中、青三代人的需求出发，全面提升小区居民的社区认同感、归属感、幸福感。同时，以党建引领为根本，发挥社区党员的积极性、能动性。"彭膳坊"活动每年确立一个新主题，以此为基础深入开展项目自治活动。

　　社区在传统节日来临时开展各类节日主题活动。如元宵节"猜灯谜、品元宵"，妇女节"品茶香、知茶趣"，立夏"绘蛋"，六一儿童节"亲子绘画"，重阳节"吃长寿面"等。在提高老年人精神生活水平的基础上，满足老年人的文化需求，增强老年人精神力量，从而逐步提高老年人晚年的生活质量。

（报送单位：静安区彭浦新村街道第三社区）

专家评析

　　旧房改造一直是城市社区居住环境治理的难点。彭浦新村始建于20世纪50年代，是上海市最早建立的工人新村之一。该区域具有人口密度高、老旧小区比例高、小型商业门店占比高，困难家庭多、老龄人口多、特殊群体多、来沪人员多等特点，情况复杂，管理难度大。"脏、乱、差"曾是彭浦的代名词，从2005年起，彭三社区在上海市率先试点非成套旧住房改造工作，通过党建引领聚力攻坚、创新"群众工作八法"等，聚焦居民的急难愁盼问题，探索形成3种有效的旧改模式，推动旧改与公建配套设施更新有效衔接和同步推进，打造宜居颐养的老年友好型社区，为旧城老旧社区居住环境改造探索了一条新路。

苏忠鑫

复旦大学人口与发展政策研究中心　主任助理

打造特色"花香里弄"，
共建适老幸福家园

山一社区共有3个老式里弄住宅小区，居民户数达1 158户，户籍人口为3 698人，辖区内60岁及以上老人有1 715人，其中80岁及以上老人有253人，空巢老人89人，独居老人53人，重残老人8人，失能（含失智）老人6人，百岁老人5人，计划生育特殊家庭困难老人5人。山一社区老龄化率达46.38%，高龄老人占比达到14.75%，人口结构老龄化、高龄化特征显著。

一、背景与动因

海派文化发祥地、先进文化策源地、文化名人聚集地的山阴路历史文化风貌区即位于山一社区。山一社区因此成为"文化三地"的汇聚之地。辖区内老式小区多、历史保护建筑多、老人多，面临着房屋结构复杂、硬件设施不足等挑战。为此，山一社区积极推进"花香弄堂"建设，在老式里弄中为老年居民们打造幸福舒适的家园。

经过多年努力，山一社区环境更加优美，绿意盎然，被评为"2018年度上海市十佳绿色家园"。山一社区及其周边各方面为老生活服务设施齐全，"步行15分钟便民生活服务圈"内拥有鲁迅公园、上海江湾医院、上海长海医院虹口院区、1个长者食堂、1个市民驿站、2个综合为老服务中心。此外，社区还拥有2间老年活动室，成立了养老服务管家团队、老年沙龙团队等组织，丰富了社区老人的生活，形成了较为完善的为老服务体系。

二、举措与机制

山一社区通过拆除"六间房",持续推进微更新、微改造,打造了"五感花园"。通过按摩铺地、芳香植物、共享绿驿、人工造声、暖色环境等艺术疗愈方式和疗愈空间,唤醒老年人的"五感"机能,将健康科学养老引入百年石库门老弄堂。同时,开展由居民区牵头、党员带头、群众参与的社区"扮靓"工程,为整个弄堂增色。助力厨房"换新颜",合力破解"上楼难",打造老年友好社区环境。

(一) 聚力拆除"六间房",打造"五感花园"

"六间房"是1958年长春街道为解放妇女劳动力而搭建的,在此成立了里弄加工厂。改革开放后,"六间房"的产权转出,进而承包给长城绘图厂从事经营性活动。近几年,六间房经简单修整后出租给来沪人员。该房屋占据2/3的弄堂通道,给周边居民带来安全、噪声方面的严重困扰。宝安路居民不断通过信访、12345热线、新闻媒体等渠道反馈与投诉,但由于其中的历史原因,问题一直搁置。为解决这一"老大难"问题,街道和社区多次进行实地调研,最终冲破重重阻力,成功拆除了"六间房"。房屋拆除后,原先租住在"六间房"内、频繁流动的外来人员搬离,附近居民的消防安全得以保障,脏乱差的环境得到了根治,安全隐患、噪声、扰民等问题也随之消除,居民的文明素养随着环境的改善而提高,同时生活品质也日益提升。

居委组织召开听证会,通过民主协商等形式,针对拆除后空地的使用问题进行了协商、规划和新建,旨在将此区域打造成公共休闲健身娱乐场所,充分发挥"三香弄堂"运行机制,通过召开茶香议事会、党群联席会、张贴微更新公告、微信征求居民意见、网格化走访社区居民等多种形式,深入了解居民需求,通过集思广益,收集了一批高质量的建议。在此基础上,居委召集居民在茶香议事中积极参与讨论微更新方案,随即协调街道、设计和施工单位优化新方案,决定在"六间房"旧址上打造了"花香弄堂"的升级版——"五感花园"，为社区老年居民营造"春有花、夏有荫、秋有果、冬有绿"，更为安静舒适的休闲娱乐场地。"五感花园"由绿荫停车段、共享绿驿段、康体活动段、静心休闲段、三香互动段五大功能区组成，"一站式"满足老年人聊天喝茶、散步健身、锻炼筋骨、看书写字、以棋会友的需求，让大家共享满堂绿意、百花争艳之景。通过按摩铺地、芳香植物、共享绿驿、人工造声、暖色环境等艺术疗愈方式和疗愈空间，刺激老年人的触觉、嗅觉、味觉、听觉、视觉，唤醒老年人的"五感"机能，将健康科学养老理念和方式引入百年石库门老弄堂。

（a）"六间房"改造前　　　　　　　　　（b）"六间房"改造后

图1　"六间房"改造

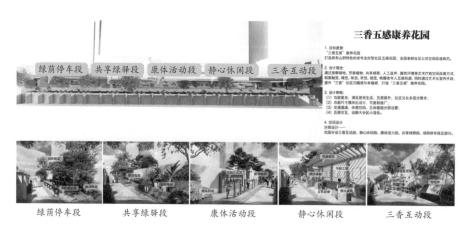

绿荫停车段　　　共享绿驿段　　　康体活动段　　　静心休闲段　　　三香互动段

图2　打造"五感花园"

（二）认养花草，用花香提升幸福感

恒丰里已有百年历史，原本的公共空间几乎"零绿化"，居民们只能通过自家阳台装点"绿"，这让整个社区略显压抑。在就此召开了几次居民议事会之后，社区居民达成共识，开展由居民区牵头、党员带头、群众参与的社区"扮靓"工程，为整个弄堂增色。老党员们带头行动，大家搬出自家宝贝，在增添植物品类的同时搭建花架。望着初见雏形的景观，越来越多的居民开始参与其中。很快，弄堂里绿意盎然、花香四溢。如今的弄堂中，月季、茶花、桂花以及木香、紫藤等几十种花木绿意葱葱、花香阵阵，令人心旷神怡。

（a）山一社区"花香弄堂"改造前　　　　（b）山一社区"花香弄堂"改造后

图3　山一社区"花香弄堂"改造

（三）合力破解"上楼难"，楼梯翻新暖民心

宝安路160弄的楼房自建造至今已有90多年历史。2022年3月，楼房出现了天井水管漏水的情况，漏的水通过天井直接洒到一楼至二楼的楼梯上。逾90年历史的木质楼梯在历经长时间污水浸泡、侵蚀后出现了腐烂和断裂的迹象。整个楼梯呈现下沉趋势，给楼里腿脚不便的老年居民出行带来极大的安全隐患。

2022年6月，市人大代表朱勤皓在下基层、与群众面对面交流时，山一社区党总支陈荣庆书记向其反映了这一问题，并提出修缮"老化楼梯"过程中所遇到的困难。对此，市人大代表朱勤皓当场电话联系并协调有关部门，确定了宝安路160弄9号楼梯的维修计划。此后，区人大代表、上海国电海运有限公司执行董事兼总经理王炎平来山一社区进行面对面交流时，陈荣庆书记向其反映了宝安路160弄1～24号房屋因邮电局缺少维修基金多年未经修缮，导致如今部分屋顶漏水、雨水管脱落、铁锈斑斑等情况。王炎平代表当场决定实地走访，在查看宝安路160弄1～24号房屋的情况后，将问题一一记录并提交给上级有关部门。

之后，中国邮政集团有限公司上海市分公司党委书记、总经理李柏平安排公司工程部的同志多次来山一社区现场调研。经相关部门实地走访调研，由四川北路街道牵头先将宝安路160弄1～24号房屋外立面墙体和屋顶修缮工程纳入其中。在工程施工期间，山一社区党总支陈荣庆书记担心施工作业影响老年居民的出行安全，故提醒街道安排安全生产志愿队定期定点巡查，同时安排社区志愿者一日2次巡逻检查。

最后，在山一社区党总支书记陈荣庆的统筹下，短短2周时间便解决了宝安路160弄9号房屋的漏水问题，一楼和二楼腐烂断裂的楼梯得以维修和加固，整栋楼房一楼至四楼的楼梯都进行了维修和翻新，充分保障了辖区内老年人的日常出行安全，效率之高、效果之好得到了老年居民们的一致好评。

（四）助力厨房"换新颜"，邻里温馨情意浓

坐落于山阴路历史风貌保护区的四达里，仍保留着很多人记忆中老上海的居住和生活方式。在一间不足10平方米的厨房内，有3户人家的灶台和水池，甚至包括某户人家的卫生间。厨房脏乱、昏暗的环境给老年居民的安全和健康带来了巨大的隐患。

山一居委会在发现隐患后提议进行改造。随后，四川北路街道对整个四达里家园进行改造，除针对变形房屋进行墙体的加固修缮、粉刷墙面外，还对公用厨房内的水电、天花板、橱柜等进行检查装修；老鼠筑窝的天花板也重新粉刷了，安装铝扣板吊顶；重新铺设能承受大功率

电器的新电线；将原本的铁水管更换为PVC水管；将原本自己搭建的灶台更换为统一的橱柜；为视力欠佳的老年居民更换更加亮堂节能的LED灯；等等。

如今，改造后的公共厨房窗明几净，老年人的烹饪心情也颇为舒畅。邻里之间常在公共厨房中交流互动、切磋厨艺，丰富了老年居民的日常生活，也减轻了老年人的孤单感。

（五）打造"党史学堂"，让红色基因代代传

中共江苏省委旧址、上海区委旧址、上海区（江浙区）委党校、上海工人第三次武装起义指挥部联络点等曾设在山一社区的恒丰里。为传承红色文化，让红色基因在老弄堂内生根发芽、代代传承，发掘好、讲述好弄堂里的红色故事，赋能党史学习教育，充分活化四川北路地区丰厚的红色资源，山一社区在山阴路69弄41号打造了弄堂里的"党史学堂"，设立"学史区"和"力行区"，展示恒丰里百年变迁和当今里弄居民的幸福生活，并呈现四川北路区域早期红色故事和"三香弄堂"的由来。社区打造出原汁原味的实景课堂，如曾住在山阴路的名人的简介、春潮书店旧址照片、恒丰里时光掠影等，在30平方米的"恒丰里党史学堂"中都能看到。20世纪五六十年代的连环画、古旧的老虎窗，更为恒丰里弄堂添置了一抹潮流红。家门口的党史学堂致力于让每一位步入学堂的党员都能受教育、有感悟，让旧址遗址成为党史"教室"，让文物史料成为党史"教材"，让英烈模范成为党史"教师"。

社区还组织久居恒丰里的老党员组成宣讲团，以其亲身经历讲述红色历史故事，居民不出社区就能学习党史、感悟红色文化。在建党100周年之际，山一社区还组织老党员和社区儿童一起在百年石库门的弄堂里共同收看习近平总书记于庆祝中国共产党成立100周年大会之际发表的重要讲话。红色精神文化传承让孩子们从故事中深入了解老一辈的过往，极大地拉近了两辈人之间的距离，促使社区老年居民更加乐观地对待生活。

图4　山一社区弄堂里的"党史学堂"

三、创新和成效

山一社区充分利用红色文化资源，以党史学堂聚人气，在历史建筑的"老瓶"中注入文化创意的"新酒"，推动老建筑焕发新光彩。"花香弄堂"所采用的"认养制"旨在鼓励社区老年居民自发认养花草植物，丰富了老年人的文娱活动和物质文化生活，加深了邻里感情，使老年人不再孤单。山一社区里底蕴深厚的红色资源与居民们共同打造的花香景观相辅相成，二者融为一体，让整个社区成为有特色的"花香弄堂"。

（一）"红色文化"聚集地，"党史学堂"聚人气

党史学堂充分活用四川北路红色文化生态示范区的丰富红色资源，为社区居民带来一次次别开生面的党史学习教育，推动老建筑焕发

新光彩,在历史建筑的"老瓶"中注入文化创意的"新酒"。"党史学堂"着力将党史学习教育与"我为群众办实事"实践活动相结合,做到学史明理、学史增信、学史崇德、学史力行,让社区内的老党员们走出家门便可重拾老弄堂红色记忆,充分感受社区浓厚的红色文化氛围。

如今"红色文化"已成为山一社区的文化内核,激励着广大老党员积极发挥余热,为社区不断作出贡献,同时也带动更多的居民群众参与其中,逐步增进了以"红色文化精神"为核心的社区凝聚力。老年人在家门口便可学习红色文化,体会红色文化精神,切实做到老有所学、老有所为,不断提升老年居民的获得感和幸福感。

(二)繁花飘香满弄堂,四季有景人心悦

恒丰里的"花香弄堂"打破了人们对老式里弄破旧、拥挤的刻板印象,改变了老式里弄绿化率几乎为零的窘境。"花香弄堂"所采用的"认养制"旨在鼓励社区老年居民自发认养花草植物,互相交流养花经验,自发种植花草蔬果,共享家门口有机蔬菜。这一举措不仅为辖区居民创造了美丽宜居的环境,也丰富了老年人的文娱活动,为他们的生活增添了一抹绚丽的色彩,切实做到了老有所乐。老年居民在一片鸟语花香中增强了获得感和幸福感,在互相交流培育花草蔬果经验、分享弄堂种植硕果的同时,增进了邻里感情。辖区内一些独居老年人的生活不

(a)　　　　　　　　　　　(b)

图5　居民志愿者组建"花香护绿队"守护"花香弄堂"

再孤单。

现如今，当人们置身于山一社区的恒丰里时，最引人注目的当属满弄堂的花卉绿植，它们被错落地布置在弄堂两侧，装点着每家每户的外墙，踏入此地，眼前美景使人心情愉悦，恰似如今恒丰里老年居民们每日绽放的笑颜。宽敞的弄堂通道和宁静安逸的环境使得老年居民更愿意出门走动、与邻里话家常。

"三香弄堂"（花香、书香、茶香）的运行，进一步丰富了居民的文化生活，并且根据社区老龄化特点、老年人的生理特点，努力满足老年居民对宜居生活的新需求。在延续地区风貌特色的基础上进行微更新，融入红色文化，真正做到让生活更宜居、建筑可阅读、文脉持续传承。

（三）社区参与更积极，提升邻里向心力

山一社区里底蕴深厚的红色资源与居民们共同打造的花香景观相辅相成，二者融为一体，让整个社区成为富有特色的"花香弄堂"。

为了更好地维护来之不易的花香景观，热心老年居民组建了"花香护绿队"，更多老年居民自发认养家门口的植物，花草认养活动无形中增进了居民间的交流学习和人际互动，邻里之间的感情逐渐升温。社区内的许多老人在认养花草、培育蔬果的过程中感受到生活的乐趣。

同时，大家也积极学党史，传播山一社区的红色故事，把故事中的红色文化精神传递给更多人。"党史学堂"不仅成为山一社区的人气聚集地，周边社区的居民也渐渐慕名而来，更多社区里的老党员化身志愿宣讲员，成为"党史学堂"里亮丽的风景线。

四、启示与展望

山一社区在打造"花香弄堂""党史学堂"以及拆除"六间房"的过程中，集思广益、因地制宜，鼓励老年居民发挥主人翁意识和互爱互助的精神，积极参与老年友好型社区的建设中，最终取得了较好的效果。

下一步，山一社区将在里弄房屋大修的基础上，开展"三香弄堂"

提升项目,进一步改善社区老年人的居住环境,提升居民生活品质;进一步提高适老化改造的覆盖率,在现有安康通、一键叫车、防跌倒体感检测、智慧水表管家的基础上,引进智能手环、电力脉象仪等智慧助老设备,让老年人紧跟信息时代的步伐,享受智能生活和贴心服务;进一步深化细化养老管家服务,因人而异定制养老方案,让老人享受更全面、更适宜、更舒心的养老服务,在"花香弄堂"里安度幸福晚年。

（报送单位：虹口区四川北路街道山一社区）

专家评析

  山一社区既是百年旧式里弄又是历史保护街区,如何在保护的同时改善居住环境成为现实难题。山一社区将历史文化与环境改造相结合,打造特色的"花香里弄",已然成为社区的文化名片,对兼具历史文化保护功能的旧式社区具有重要的借鉴价值。美化居住环境是老年友好社区建设中的关键环节,关系到居民的生活质量、幸福感和整体健康状况。"花香里弄""五感花园"等项目的推行,既对老年人的身心健康有积极的促进作用,又能增加邻里互动,增强老年人的归属感和幸福感。此外,"党史学堂"所蕴含的红色文化教育与传承,不仅促使社区老年人"老有所学"和"老有所为",更在传承红色文化的同时,加强了代际的互动交流,对社区的和谐与精神文明进步起到了重要的推动作用。

苏忠鑫

复旦大学人口与发展政策研究中心　主任助理

尚鸿"幸福+"：共同筑造老年人"幸福家"

尚鸿路社区位于上海市青浦区徐泾镇，创立于2016年4月，常住人口有7 247人，户籍人口有2 356人，来沪人员有4 885人；60岁以上老年人有1 515人，65岁及以上人口有564人，分别占比20.9%和7.8%。其中，80岁以上高龄老人有178人，特殊老龄群体有153人，包括独居10人、失能（含失智）47人、残疾48人、计生特扶对象7人、重病41人。人口老龄化已成为当今社会大势所趋，尤其是在老年人口占户籍人口高达五成情况下的尚鸿路社区，打造老年友好型社区这一任务更为重要和紧迫。尚鸿路社区曾获评过"2022年上海市老年友好型社区"。一直以来，尚鸿路居委会坚持党建引领，围绕"老有所养、老有所医、老有所为、老有所学、老有所乐"的目标，结合新时代幸福社区创建工作，以"幸福+"模式，致力于打造富有尚鸿品牌特色的老年人"幸福家"，打造有人情味的老年友好型社区。

一、背景与动因

尚鸿路社区作为早期动迁小区，涵盖千余户居民，最早社区建成时周边空荡荡，方圆几公里以外"光秃秃"一片，社区配套服务滞后，周边设施跟不上居民的日常生活需求，社区服务质量也面临跟不上的难题，无法满足"15分钟生活圈"的具体要求。对于主要从市区搬迁过来的老年人来说，习惯了市区的便捷便利，新的居住环境的升级改造尤为迫切。

随着上海地铁17号线的开通，交通设施的完善，为尚鸿路社区的转型提供了机遇。社区工作者通过一次次实地走访调研，深入调研辖区内老年人的急难愁盼问题，发现他们面临着看病难、就餐难、买菜难三大现实难题。在充分听取居民意见的基础上,尚鸿路社区进行统筹规划,逐渐形成了以满足居民衣食住行需求为基础,打造一座座改善居民居住环境的配套设施,努力解决社区的三个老大难问题。同时,引入多方资源,结合现代信息化手段,提高社区服务质量,提升社区居民生活便利度,增强其获得感。

二、举措与机制

尚鸿路社区主要在提升居民居住环境、提高社区服务质量两大方面为老年友好型社区的建设添砖加瓦。围绕这两大目标,打造以"五围六鸿、尚为民"党建品牌为载体的为老服务特色。

(一)完善周边服务设施,打造居民居住环境"幸福+"

尚鸿路社区以实现"15分钟生活圈"为基本目标,完善周边服务设施,让社区居民感到日常生活方面更加便捷,生活需求能及时得到满足。

图1　2021年7月1日幸福社区中心开幕仪式

1. 为老助餐，乐享幸福好滋味

衣食住行中的"食"代表着最基本的温饱需求。考虑到老人存在行动不便、出行受阻的问题，尚鸿路社区居委会将物业闲置用房改造成为社区老年助餐点，为老年人特别是行动不便、双老高龄、孤老和独居老人等群体提供统一的配送餐服务，每周提供物美价廉且七天不重复的饭菜套餐，有效满足老年人多层次、多样化的就餐需求。

（a） （b）

图2 志愿者协助居民点餐、用餐

2. 资源共享，打造爱心小超市

为切实解决社区居民"买菜难"的问题，尚鸿路社区开设爱心超市。"真得感谢尚鸿路社区居委，在他们的建议下，我开通了线上销售

（a） （b）

图3 商家为居民提供配送服务

渠道,现在店铺人气旺多了,生意也好多了!"爱心小超市的店主兴高采烈地说道。该超市每周通过线上和线下渠道,及时提供早餐和新鲜时令蔬果进社区;同时,还开展周度为老服务,为孤老、独居老人、重残无业等弱势群体免费赠送果蔬,从根源上有效缓解了居民"买菜难"的问题。

3. 便捷医疗,健康关怀送上门

尚鸿路社区居委会联合沪大中医门诊部在幸福社区设立门诊服务点,为老年人提供每周4次、每次2小时的义诊服务,服务内容包括中西医就诊、配药、代煎药、免费送药上门等;每周四下午1:30到3:30,中西医医生坐诊,为失能(含失智)、重残等老年特殊群体提供看病、配药、送药、量心压、问病情、测血压和血氧等上门服务,并且可刷医保卡,一定程度上解决了居民看病难的问题。

此外,为解决小区内老年人看牙、治牙难题,尚鸿路社区居委会引入幸福合伙人"秋咋牙防所",每月为老人提供2次公益看牙拔牙活动,60岁以上半价、80岁以上免费,截至2024年3月已服务老人共计200多人次,老人看病难的问题得到了一定程度的缓解。为宣传普及老年健康科学知识,增强老年人早知早预防早治疗的健康意识,社区居委会与幸福合伙人联合开展一系列健康讲座,内容包含心血管疾病、心肺复苏、骨质疏松、脑卒中的危害与预防、特殊人群止咳祛痰药的选择等。

图4　居民义诊服务　　　　　图5　家门口健康管理——测量血压

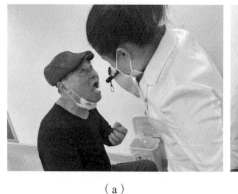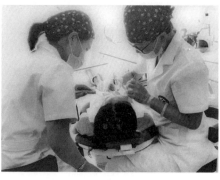

（a）　　　　　　　　　　　　　　（b）

图6　公益看牙拔牙活动

（a）　　　　　　　　　　　　　　（b）

图7　健康讲座

截至2024年3月，已开展活动近15场，老年人受益人数达200人左右。社区从老年人的实际医疗需求出发，为社区老年居民的健康保驾护航。

4. 防患于未然，建立微型消防站

尚鸿路社区认真贯彻"安全第一、预防为主"的方针，为居民居住环境的安全提供保障。为增强安全工作的责任感和紧迫感，牢固树立常抓不懈的意识，尚鸿路社区在安全事故预防领导小组的领导下，制定了各级各类安全应急预案，着力加强居委会安全管理的薄弱环节，组织制定各项防范措施，努力防止事故的发生，竭力为居民朋友们构建安全有保障的居住环境。此外，尚鸿路社区还落实了辖区内微型消防站的建设,用多种多样的方式宣传安全知识,加强培训与演练,从而提高公众的安全意识和防护自救能力,从实战角度出发,广泛发动群众参与,达到普及应急知识和提高社区居民应急技能的目的。

（二）引入多方资源,打造社区服务质量"幸福+"

1. 做实做优"1+N"多方共建共联机制,引入幸福合伙人

环境设施有了,为了进一步提升老年人的幸福感,服务质量更需要提升,以进一步贴近社区老年人的需求。尚鸿路社区通过组建工作小组,解决辖区内老年人的急难愁盼问题,构建"1+N"多方共建共联机制,"1"即社区党委,党委统筹安排,"N"类幸福合伙人"入伙",在缓解看病难、就餐难、买菜难三大难题的基础上,从保障环境整洁、生产生活安全到不断提高助餐服务、医疗服务便利度等,从"老有所养"向"品质养老"迈进。

海曼艺校——顾建红

青浦移动公司——李敏

秋咝牙防所——李敏

捷艾尔物业公司——施兴翔

牵然农场——杨飞艳

上海银行徐泾支行——张敏

图8　6家"幸福合伙人"

在餐饮服务方面,尚鸿路引入物业部门,对老年助餐点进行规划,选址在居民区附近,并联系餐饮公司,为居民提供专业餐饮服务,在

解决就餐难的同时保质保量。专业餐饮公司的加入，不但使饭菜口感更好，前来助餐点就餐的老人也越来越多，还能有效降低成本持续经营。

近年来，电商发展迅速，居民可在线上和线下便利购物。牵然农场爱心超市作为蔬果供货商，可以同时满足居民线上线下的购物需求，线上订购适合年轻繁忙的居民朋友，而线下选购则可以让老年朋友们在住所附近就能买到想要的菜品，买菜难问题迎刃而解。

义诊服务在老年人社区也不可或缺。不少老人认为就医路程远，或是就诊等待时间长，而联合门诊服务点的设立可以缓解上述问题。专人医生定期坐诊，使得到专业咨询意见后的居民更加了解自身的健康状况，心里也更加有底。在这一过程中，尚鸿路社区工作者不忘提升社区服务质量，力求让每一位社区居民感到满意。

2. 紧贴需求，筑巢引凤，在服务上精益求精

随着周边居民区的不断建立，人口也越来越多，现在小区周边已经有了种类繁多的各种服务设施，从当初的极力劝说引入已经转为商家的主动要求加入，社区的生活环境进一步改善。现在地铁17号线已经开通运营，居民的出行进一步便捷。

尚鸿路社区抓住机遇，在社区服务质量上精益求精，在社区管理上做精做细，充分发挥"1+N"多方共建共联机制的作用，先后把居民需要的电信、银行以及一些培训机构引入小区，使居民在家门口即可办理一些生活必需业务。

从居民的安全考虑，尚鸿路社区内的电梯已实现智能监控探头全覆盖，若有电动车违规进入楼道，监控会第一时间发出警报，以将危险系数降至最低。此外，自2022年初以来，尚鸿路社区针对小区内各类老化的设施进行修缮和改建，增设了休息椅、花园休息亭，并对破损的社区道路和台阶进行修缮。平日居民可以直接通过业主群将自己的意见或建议传达至居委会和物业。

3. 充分发挥居民积极性，引入志愿者队伍，参与社区服务

为提升居住环境的舒适度，尚鸿路社区召集居民组建了最"鸿"一公里清洁家园志愿者团队，联动居民共同净化家园，定期开展垃圾拾取和分类的志愿者活动，实现垃圾袋装不落地，日产日清，做好垃圾分类、楼道堆物清理。对辖区内卫生情况进行巡查，培养居民文明卫生习惯和健康行为。居民参与捡垃圾志愿活动，能够体会到环卫工人的辛苦，进而珍惜环卫工人的辛勤劳动成果，也能促使自己提高自制力，做到不随意破坏环境和珍惜他人的工作成果，改善社区环境。

（a）　　　　　　　　　　　　（b）

图9　清洁家园志愿者

尚鸿路社区在引入适老化智能系统的同时，将老年用户的实际感受调查纳入工作范围，在为老助残项目开展的过程中，考虑到部分老人不会使用智能手机等电子设备，居委会安排了志愿者，专门为不熟悉智能设备的老年人提供现场点餐指导，并定期开展老年人智能手机使用培训讲座，帮助老年人融入现代信息社会。

4. 注重安全隐患排查，保障居民安全

居民的安居乐业离不开"安全"二字。为确保社区居民的安全，增强居民的安全防范意识，由尚鸿路居委班子成员带队，联合物业"三驾马车"，根据小区网格，组成若干安全检查小组，定期对小区进行安全综

合巡查。日常针对社区居民居住环境的巡查主要包含消防安全、用电安全、车辆违停、垃圾堆放以及安全隐患检查，涵盖了微小消防站、电动车车棚、地下车库、楼道的灭火器是否能正常使用，还包括排查居室内煤气管道及维修记录表、疏通下水道、更换下水管等，从真正意义上为辖区内居民排忧解难，减少安全隐患。

三、创新与成效

社区的改造升级离不开创新，尚鸿社区居委在工作过程中不断改进优化，将更完善的服务带给居民朋友，如"1+N"模式的开创，有效缓解居民看病难、就餐难和买菜难的问题。

（一）多方共赢，在解决需求的基础上不断提升服务质量

扎实推进"社区小中心"建设，推动"小中心"服务"大民生"，如在为老助残项目开展的过程中，居委会引入了志愿者服务，为不熟悉智能设备的老年人提供现场点餐指导，并定期开展老年人智能手机使用培训讲座，帮助老年人更好地掌握适老化订餐系统。该助餐点自开设以来，每天接受的订餐人数从30～40人次到目前的180多人次，有效解决老人们用餐难的"最后一公里"问题，让老年人在家门口就能尝到"幸福味道"。从老年人的日常温饱、行为起居等问题着手，通过不断引入专业的社会服务主体，让专业力量提升社区的服务质量。

（二）紧扣需求，积极回应，不断提升老年友好社区居民获得感

坚持"迈开腿、张开嘴、敲开门、打开心"的服务宗旨，居委走进社区居民家中、收集民情民需，将包联人员姓名、联系方式等张贴在单元楼门口，让群众明确知道遇到问题该找谁。为提升群众反映问题和诉求办理的效率，尚鸿路社区依托微信建立若干个小区网格居民联系群，社区干部担任群主，对群众的"发声"第一时间回应，实时将意见和建议提交给社区处理。根据居民的需求，社区对老活动室进行改造，增设棋牌室、聊天室、图书角等。在安全宣传方面，尚鸿路社区也尽可能利

用各类宣传手段,如电子屏宣传、向居民发放安全提示告知单等,着力提升社区居民的满意度和获得感。尚鸿路社区时刻在跻身于老年友好型社区的行列中不断努力奋进。

四、启示与展望

基层工作千头万绪,单靠社区自身,既干不了也干不好。社区最大限度地挖掘辖区内阵地、文化、服务等资源,统筹整合、精准投放,打通服务群众"最后一公里"。除了完成日常工作以外,社区更应该把居民的需求放到首要位置,需求在哪里,服务的阵地就建在哪里。

下阶段,尚鸿路社区将继续通过多方合力驱动的模式,除了关注居民居住环境以及社区服务质量之外,还应从出行设施、社会参与、管理保障等方面着手,实现为老服务不断升级。一是以优秀老年友好型社区为目标,积极创建市级老年人心理关爱点和老年认知障碍友好社区,立足于老年人的实际需求,积极统筹各方资源,创新服务模式,不断提高为老服务质量。二是推动养老与多业态融合发展,充分调动多元化社区力量,满足老年人的多层次、多样化需求。三是完善智慧养老信息平台,配置电子数据终端和可视化场景模块,实现智能化养老资源的整合和下沉。四是进一步培育敬老爱老助老社会风尚,积极开展慈善公益活动,倡导全社会共同关注老人,弘扬中华民族传统美德。

（报送单位：青浦区徐泾镇尚鸿路社区）

　　青浦区徐泾镇尚鸿路社区是一个近郊大型拆迁小区,早期居民主要从市区拆迁而来,人口多,老年人占比高。社区通过不断走访调研,

摸清群众需求，通过打造"幸福+"服务品牌，广泛引入资源，引入"沪大中医""秋咭牙防所"解决群众看病难问题，引入捷艾尔物业管理社区助餐点、提供助老餐饮服务，引入牵然农场让菜场走进居民小区，通过解决群众"看病难、就餐难、买菜难"的三大急难愁盼问题，打造社区适老环境，提供能为社区居民生活带来便利的综合性服务，筑造老年人的幸福家。社区在推动养老与多业态融合发展，充分调动多元化社区力量，满足老年人多层次、多样化需求上进行了有效探索。

社区同时注重老年人"老有所为、老有所学"，在服务上创新手段，组建志愿者队伍传授信息化、数字化应用技能，配置电子数据终端和可视化场景模块，实现智能化养老资源的整合和下沉，让老年人同步融入数字化时代；在社区服务、居住环境、科技助老上总结了一套成熟的经验和办法。

辛照华

上海市浦东新区凌桥社区卫生服务中心　主任

孝亲敬老篇

基于双轮生态驱动，构建亲和颐养社区

浦秀村位于上海市奉贤区庄行镇东北角，北枕黄浦江，村域面积达4.6平方公里。目前该村共有户籍人口3 739人，常住人口2 883人，其中60岁以上老人1 266人，占户籍人口的33.86%，80岁以上老人有173人，90岁以上老人有18人，95岁以上老人有5人，最高龄者98岁。村里有空巢独居老人57人，失能老人32人，重残老人21人，失独老年家庭1户，计划生育特殊家庭老人1人。浦秀村村域内共有597个宅基，包括27个村民小组，其中10个村民小组参与镇保，17个小组参与农保。浦秀村属黄浦江水源保护地，坐拥黄浦江沿岸生态涵养林790亩，注重对原生态环境的保护，是奉贤区农艺公园核心建设区域。浦秀村对标老年友好社区建设的内涵与目标，基于村域地理环境优势，针对本村老年人群的特点与需求，打造亲和生态适老家园，建设敬老颐养生态文化，逐步提高了老年人的生活质量与幸福指数。浦秀村于2018年成功创建成为"上海市美丽乡村示范村"，2019—2020年创建"上海市乡村振兴示范村"，2021年创建全国老年友好型社区，2022年创建上海市旅游重点村。

一、背景与动因

习近平总书记强调，有效应对我国人口老龄化，事关国家发展全局，事关亿万百姓福祉。在此背景下，构建和打造老年友好型社区，创造具有包容性的社区物质与精神生活环境，促进老年人在属地居家养老，乃大势所趋，势在必行。浦秀村地处郊县，村域面积较广，存在老龄化程度高、空巢老人比例大、空间环境适老化程度需改善、社区多元化服务需提升及老年人精神文化生活亟待充实等特点。

近年来，浦秀村在充分梳理以上村域特点与老年人群需求的基础上，以创建全国老年友好型社区为契机与目标，探索创建乡村老年友好型社区的工作模式和长效机制：① 着力改善村域适老化生态环境，发展地方产业。作为农艺公园的重要承载区，浦秀村通过探索一、二、三产融合发展，创新试点"三园一总部"建设，实现了"田成块、林成网、水成系、路成环、宅成景"的新面貌，更好地满足了老年人的居住环境改善与日常出行需求。② 全面建设敬老颐养生态文化，在健康服务、养老服务、社会参与、精神文化生活等方面提升社区服务能级，加大活动组织力度，营造孝亲尊老社会氛围，逐步构建一个具有浓厚尊老、敬老、爱老、助老、适老氛围和环境的社区，切实提升老年人的安全感、获得感、价值感与幸福感。

二、举措与机制

奉贤区庄行镇浦秀村全面发挥党建引领作用，基于双轮生态驱动，构建亲和颐养社区。

（一）坚持党建引领，凝聚社会发展力量

浦秀村党总支以党的二十大报告提出的"全面推进乡村振兴"为指引，紧紧围绕乡村振兴二十字总要求和市委、区委相关工作精神，在庄行镇"花米庄行·先锋先行"党建品牌引领下，聚焦一、二、三产融合发展，立足村情实际，进一步深化"源生浦秀·先锋先行"村党建品牌。浦秀村充分利用"小贤书屋"等"家门口"特色新时代文明实践阵地，开展主题教育宣讲活动，让党的声音进入寻常百姓家。在此基础上，浦秀村整合各类群团资源，坚持以党建强动力、聚民心、促发展，发动广大党员、群众、乡贤等力量全面参与乡村振兴，有效提升社区老年服务质量和水平，满足老年人日益增长的物质与文化生活需求，打造更规范、更专业的老年社区服务模式。

图1　2021年10月,浦秀村组织党员志愿者、村民小组长等开辟党建责任田

(二)改善环境生态,打造亲和适老家园

社区是老年人生活的重要空间载体,老年人户外活动和社会交往离不开更为舒适的社区空间环境及安全便捷的出行环境。浦秀村通过以下举措为老年人打造了更为亲和适老的环境。

1. 综合治理社区空间环境

浦秀村坚持原生态原风貌,全面升级"田林水路宅",建设老年环境亲和家园:① 守护790亩涵养林天然氧吧,建设绿林1 307亩、口袋公园8座,林地覆盖率达28%,绿化覆盖率达35%以上。② 村内自来水入户全覆盖,生活污水处理率达100%;完成23公里河道建设和岸坡整治,全部消除劣 V 类水体。③ 建成并运营两网融合标准化垃圾回收站和生活湿垃圾处置站,农作物垃圾积肥还田不出村,切实实现垃圾处理无害化、资源化、减量化的目标。④ 实施河道、陆域第三方保洁,并强化村干部包干责任制,确保村域环境整洁、干净、有序。⑤ 与文创企业合作,共同塑造公共空间景观小品,打造乡土与现代相得益彰的人文景观。

⑥ 注重创新和传承，立足自然生态禀赋，以"三分灰、七分白"海派江南、粉墙黛瓦为特色，统一实施全村600余户宅基建筑风貌的改造提升，让老宅基重现"浦江南岸好风光"。

图2　浦秀村"糖梨花泽"彩稻图景

2. 改造优化社区步行体系

浦秀村为满足老年人日常出行和锻炼需求，建设并完善交通路网设施，打造适合老年人健身与交流的人性化社区步行环境体系，实施了以下建设举措：① 确保步行道路安全便利，完成14公里乡村道路沥青硬化，做到村路全畅通、路灯全覆盖，并点缀石板、青砖、旧瓦片等材料铺装小路，保持路面平整。此外，浦秀村还在老年人集中活动的场所附近设置公厕，并进行无障碍改造。② 将农艺之路串联成环，围绕农艺大道（西闸公路）、浦秀路、大叶公路等主要道路建设景观大道，保护现有林荫道（北横路、浦秀路、浦灵路等），并在此基础上打造纵横交错的漫游径，形成快慢分隔、纵横交错、成环成网、适于健步游览的农艺绿道空间。

（三）构筑文化生态，建设敬老颐养社区

浦秀村积极营造尊老、爱老、敬老、助老的社会氛围，全面提升服务能级，构筑社区文化生态，建设敬老颐养社区。

1. 构建社区综合服务体系

浦秀村坚持以老年人为中心，全面构建社区服务体系，打通社区服务"最后一公里"。① 建设综合服务中心，集党建、民生保障、综合治理等功能于一体，提供咨询、代办、便民等服务，实现村民办事不出村，并打造阳光村务，通过社区通App及时发布党务、村务及财务信息。综合服务中心从衣食住行各方面全面保障老年人的日常生活，如为老年人提供上门理发、测量血压等便民服务；定期举办书画、棋牌、影视放映等文体活动，满足老年人的各类精神文化需求；给予独居、失智、失能等特殊老年人生活照顾及精神关爱；针对80岁以上老人提供送餐服务，并根据年龄进行分级补贴。② 延伸打造1个综合养老社区（"浦秀青春里养老社区"）、1个智能化卫生室、1个百姓舞台、2个老年活动室、3个党

图3　浦秀村综合服务中心沉浸式办公大厅

图4 浦秀青春里养老社区

建微家、4个宅基睦邻点等服务阵地。③ 建设乡村振兴展示中心，作为服务文化展示和宣传的重要载体和窗口。

2. 营造孝亲敬老浓厚氛围

浦秀村注重弘扬敬奉贤人、崇德至善的积极社会氛围，推动孝亲敬老文化的传承与创新。① 重视家庭亲老，鼓励老少共融。强调家庭对老年人的代际支持，倡导子女为老人提供情感支持与生活照料等，并为家庭成员提供必要的照顾支持与培训，提高老年人的居家养老质量。② 坚持民主自治，实现村民当家作主，加强村民自治力量培育，抓实"红、粉、蓝、绿、橘"等5支村民自治队伍，在乡村振兴示范村建设中，着力构建共建共治共享的乡村治理新格局，组织自治服务项目，重点为老年群体提供理发、扦脚、家电维修、磨刀、血压测量等便民服务。③ 动员社会力量广泛参与，多渠道拓展社会支持。浦秀村充分发挥民政、社事、学校、工会、妇联、团委等部门的作用，送资源、送活动、送健康、送欢笑、送温暖到"家门口"，广泛开展各类文娱、健康、才艺展示等活动，使老年人在"家门口"的舞台上互动互通，丰富老年生活。如创新组建

"红帽子"为老服务志愿队,定期上门开展为老服务;开展"小舢板"文化特色品牌下乡、文化配送演出等活动,丰富老年人的精神文化生活。④ 有效整合乡村教育文化资源,充分利用宅基课堂、生活驿站等阵地,以村民喜爱的形式开展适应农村老年人需求的教育活动,方便老年人就近参加各类活动,丰富其精神文化生活。此外,浦秀村还广泛开展文明家庭创建、星级文明户评选、齐贤修身等活动,讲好浦秀故事,切实以好家风涵养好民风,以好民风促进好乡风。

3. 积极推动老人社会参与

为满足老年人自立自强与老有所为的愿望,提升其自我认同和社会价值,浦秀村为老年人创造了更多社会参与的机会与途径。① 引导和组织老年人参与本村社区的治理和服务中,实行老年人自我管理、自我服务、自我教育、自我监督。② 成立老年文体兴趣团队,利用本村的地缘生态环境优势,组织歌咏戏曲、短途步行等形式的社交文娱活动或户外康健活动,丰富老年人的生活,促进了他们的互动交流。③ 宣传助人自助精神,鼓励老年人参与志愿服务,充分发挥老年人的积极作用。如依托"老伙伴计划"等项目,组建老年志愿者服务队,给困难或高龄老人提供帮助;每月邀请区内知名的老年志愿者坐堂讲课等。

三、创新和成效

浦秀村坚持为民初心,以老为尊,基于双轮生态驱动,构建了亲和敬老的幸福宜居养老社区。

(一)生态环境助力居家颐养

浦秀村通过社区空间环境综合治理和社区步行体系改造,为老年人创造了全方位的亲和适老环境。社区空间生态环境承载着老年人大量的室外活动,包括散步、聊天、带小孩、打麻将等,改良后的社区生态环境更有利于老年人走出家门,在自己熟悉而又便利安全的环境中,独立舒适地生活,并更多地参与社会活动。浦秀路也逐渐成为徒步爱好者的网红打卡地。

（二）综合服务保障身心健康

浦秀村基于综合服务体系，坚持人民至上，针对老人开展"汇暖心、惠民心""六个一"关爱行动。① 定期走访，送温暖上门。社区针对村内高龄、独居、困难老人，安排工作人员每周一次上门关心，了解其日常需求、饮食起居等情况，增强老年人对村庄的归属感。② 定期关怀，送健康上门。村里与镇社区卫生服务中心联动，家庭医生每月上门一次为老人提供健康检查，专家医生每两个月开展一次健康问诊；每月两次医保直通车下乡到宅基，让村民在家门口享受红色代办服务；社区医院为老人提供每年一次的全身体检，全面了解老人的身体情况，做到有病早治疗、早康复，为老年人的生命安全保驾护航。③ 定期活动，送服务上门。每季度开展便民服务，让老年人足不出户也能享受到便民服务；每半年在宅基上举办一次文艺演出，丰富老年人的文化生活。

图5　2023年8月，村干部走访慰问98岁高龄的退役军人

浦秀村坚持服务为本,打造宅基睦邻点零距离服务阵地。① 宅基变厅堂,全民共商议。针对社会治理中的堵点、难点,充分发挥宅基上的睦邻点的议事功能,由睦邻点堂主组织,广泛收集百姓意见,真正做到问需于民、问计于民。② 宅基变舞台,全民共参与。宅基睦邻点每周发布活动公告,通过各式各样的活动满足人民群众的生活需求。如重阳节由睦邻点自编自演,开展"爱在重阳,温暖相伴"——浦秀村"睦邻四堂间"重阳节文艺汇演等。③ 宅基变阵地,全民共享受。打造宅基便民服务阵地,理发、磨剪刀等便民服务深受欢迎;同时提供送餐服务,让老人足不出户就能享受到优质的餐食。

(三) 养老社区推动医养结合

浦秀村坚持开拓创新,盘活闲置资源,规划建设了一体化"浦秀青春里养老社区",打造医养结合新阵地。社区内部遵循群众意愿,多元融合,打造集生活、休闲、康养等功能于一体的"泛家庭"式养老社区,

图6 2023年10月,浦秀青春里养老社区欢度国庆活动

内设95个床位，截至2023年10月已有32人入住。室外有集老人健身区、活动区、种植区于一体的综合空间，室内设有接待共享大厅、多功能阅览室、书画室、棋苑室、影音室、亲子游乐区等，可开展各种集体文化活动。社区内配备卫生室、康复室、日间照料中心等，同时与社区卫生服务中心联动，定期开展讲座、宣讲、义诊等活动，满足老年人在"家门口"的健康需求。

（四）社区参与发挥老年价值

老年人不仅是老年友好社区建设的受益主体，更是重要的参与主体。浦秀村注重满足老年人的精神需求，通过开展各类适老文体活动，如开设宅基课堂、"我们的节日"民俗活动等项目，贴近老人，贴近宅基，贴近生活，更好地满足了老年的文化提升需求，促进其身心健康。通过鼓励老人自助与互助，帮助更多老人主动参与社会服务，加强了其与社会的联系，保持精神活力，实现自我价值。

四、启示与展望

养老不是一个人或一个家庭的事，社区与其他社会力量应携手共进，在关注老人身体健康的同时，关注其精神健康，帮助其实现老有所养、老有所医、老有所为、老有所乐，幸福地安度晚年。这既是全社会共同的美好愿望，也是发展养老事业的目标。创建老年友好型社区能充分发挥老年群体在社会建设中的优势，鼓励老年人充分利用所学所长，以志愿服务等形式参与社会治理，维护老人的尊严和权利，提高其生活质量，促进社会和谐。浦秀村积极创建全国老年友好型社区，充分发挥示范带头作用，引领村庄不断推进为老服务的软硬件建设，努力提升老年人社区生活的获得感、幸福感、安全感和价值感。

浦秀村将进一步发挥双轮生态驱动优势，优化老年友好社区建设。一方面，依托庄行郊野农艺公园，做优做强"浦秀青春里养老社区"，加大宣传力度。发挥庄行镇浦秀村农艺公园东门户的辐射带动作用，提升"青春里"本身的社会热度,突破自身区域限制,发掘更大范围的受众群体,竭力提升"青春里"在老年友好社区建设中的示范作用。另一方面,始终以"农业强、农村美、农民富"为目标,共同兴旺充满活力的乡村经济、守护上善大美的乡村风尚、重塑粉墙黛瓦的乡村风貌,立足"服务群众"的落脚点,打造"一站+多元"的高品质养老服务,切实提升乡村老年人的幸福指数。

（报送单位：奉贤区庄行镇浦秀村）

专家评析

　　建设具有不同地域特色的老年友好社区,不仅关乎长者的生活质量,更直接影响着社会的和谐稳定与经济的持续发展。由于当代乡村老人的人地关系和社会背景,营造安全、熟悉、有归属的物理空间生态环境和社会生态文化环境,是帮助乡村老人实现"属地养老"的重要途径。浦秀村针对老龄人口比率高、生态环境需要提升、服务体系需要完善等主题,基于党建引领,依托本村地理环境特点,在完善社区生态环境与交通路网设施建设的基础上,全面提升服务能级,构建了多元化孝亲敬老服务模式,并重点打造了具有乡村特色的综合性一体化"浦秀青春里养老社区"等,在满足老年人物质生活、身心健康与精神文化需求的同时,维护了老年人的自主权、尊严和福祉。这一模式也为我国乡村振兴背景下老年友好社区建设提供了较好的实践范本。

贾守梅

复旦大学护理学院　副教授

集聚联动服务资源，构筑老人幸福保障

胡光村位于上海市松江区泖港镇中心位置，区域面积约为3.68平方公里，总户数692户，设有3个网格片区、34个微网格。全村拥有户籍人口2 467人，常住人口1 071人。其中，60岁以上老人652人，约占常住人口的61%；80岁以上老人105人。村里有空巢老人83人，高龄独居老人18人，失能失智老人13人，重残47人，失独家庭7户14人。因此，为村里老人提供生活照料、心理支持和健康管理服务成为胡光村管理工作的重中之重。胡光村通过构建三位一体养老服务体系，为老人提供了有温度、有力度、有广度的管理服务，并先后荣获2019年美丽乡村示范村、上海市文明村、"2021中国最美村镇"治理有效成就奖、"上海市美好家园示范村"、"2023年全国示范性老年友好型社区"等荣誉。

一、背景与动因

随着我国经济社会的发展，上海城市建设的迅猛推进和五大新城的共同建设，在地处浦南地区的胡光村，青壮年人口也大量进入城镇生活和工作，由此导致了乡村空心化与老龄化加速。农村社区是血缘、地缘凝聚的共同体，其社会关系、居住形式与城市社区有较大差别。在居住环境方面，胡光村村内房屋多建于20世纪七八十年代，房屋破旧、散乱，设施老旧。老人对村居服务保障的要求越来越多元化。这些都对建设农村老年友好社区提出了更高要求。

胡光村始终坚持"养老服务跟着老人走"，构建"嵌入式"与"互助式"相结合的养老模式，将现有服务资源集聚，并向外不断画圈，逐步形成以管理制度为中心的"核心圈"、各类服务资源集聚的"服务圈"以及提升老人生活质量的"幸福圈"，以此三位一体的"小圈"辐射带动胡光村养老服务整个"大圈"，持续扩大养老服务"联动圈"，不断增强老人的安全感、获得感和幸福感。

二、举措与机制

胡光村以创新管理制度为抓手，在改善村民居住环境的基础上，打造"嵌入式"服务模式，通过多种形式的文化代际活动，构建"互助式"支持体系。

（一）夯实制度基础，构建"嵌入式"服务模式

城市化和老龄化的发展使资源加速向城市流动，导致农村地区产生大量留守老人，同时因资源与人才的不均衡分布，传统农村的留守老人普遍面临医疗资源等社会保障不足的问题，这对农村社会管理和公共服务提出了更高要求。胡光村以此为养老服务的着力点和突破口，不断探索和实践，以"适老实用，资源利用最大化"为思路，充分考虑村内优势与特点，通过"嵌入式"模式，创新管理制度、盘活闲置资源、完善公共服务。

1. 创新管理制度

在日常乡村治理中，胡光村积极先行先试。针对村内留守老人多、管理服务力量亟待加强等情况，胡光村创新管理制度，树立为民服务理念。① 灵活调整村委会工作定位。加强对工作人员的培训，以"一核二组三治四议"为核心，建立"365"服务工作法，即形成"3"类理念教育，制定"6"项分类施策，明晰"5"员角色定位，实现全天候落实上级政策方针、全时段服务村里百姓生活。② 实施微网格积分制。织密"镇—村—网格长—微网格长—微网格户"五级网格联动治理体系，用积分制管理有效调动村民参与乡村管理的积极性。③ 开辟多元反馈渠道。为保障村民的知情权、建议权、监督权等权利，胡光村除传统的纸质问卷、会议等方式外，通过建立微网格长上门、新媒体阵地等方式，及

图1　2023年9月，网格长征求村民对微网格积分制意见

时收集村民意见和建议，公示为民服务事项和诉求解决进程。自2020年实施以来，月均切实解决村民诉求59次。

2. 改善居住环境

老年友好型社区建设特别强调了对居住环境进行适老化改造，让老人的日常生活和社会参与更加安全、方便。考虑到一部分老人居住环境较为艰苦，居住空间适老性差、活动空间匮乏、生活质量低下等问题日益凸显，胡光村将改善老人居住环境作为迫在眉睫的"抢救性"工程，积极推进房屋适老化改造和无障碍设施建设，完成烟雾报警器加装等工程。2023年，胡光村积极推动农民自愿参加相对集中居住，截至2023年10月，已完成一期157户宅基地平移报名资格确认，二期宅基地平移资格正在排摸中。

3. 打造"嵌入式"服务模式

"急村民之所急，想村民之所想。"自2017年开始，胡光村集聚公共服务资源,不断完善村内服务设施。① 打造就餐送餐点。切实解决农村空心化趋势下的老人吃饭问题,针对老人饮食习惯打造专属餐食,开展送餐上门服务,便于老人就餐,解决老人和子女的后顾之忧。② 打造社区服务点。整合社区服务资源,全力打造便捷高效的一站式服务,重点为老人提供信访接待、公益服务、困难救助和法律咨询等服务,让老人走进一扇门,就能办理各项业务。③ 打造长者健身点。构建公共活动空间体系,新建6处休闲健身点,安装54套健身器材,并着力将其中的野港队健身点打造为一处集宣传、赏花、健身、小憩、娱乐功能于一体的“口袋公园”,充实了村民的精神文化生活。村民自发参与,一起制作木质秋千、精致盆栽,将废弃轮胎变成了花盆、座椅、跷跷板,让“口袋公园”成为村里的“会客厅”,提高了老人的户外活动频率。④ 打造健康服务点。建立村部卫生室,邀请专家定期坐诊,保证医生每日坐诊,为村民免费测量血压、血糖等,方便老人就医开药,实现了“小病不出

图2　老人在口袋公园休闲娱乐

村"。社区卫生服务中心为胡光村的老人搭建了每年免费体检一次的健康服务平台，实现了基本公共卫生服务均等化。

截至2023年10月，胡光村共建有日间照料中心1个、助餐点1个、标准化老年活动室1个、民办老年活动室1个、口袋公园3处、休闲健身点6处、便民超市3个。各类服务资源集聚的"服务圈"，让老人足不出村便能享有完善的生活服务。

（二）加强社会关爱，构建"互助式"支持系统

土地流转给合作社耕种、子女不在身旁、不会使用智能手机等诸多因素共同导致了农村老人的生活比较单调。针对上述问题，胡光村弘扬孝老敬老精神，为老人专门建设了活动场所和娱乐设施，满足老人的精神需求，丰富老人的晚年生活，构筑老人"幸福圈"。

1. 加大关爱力度

村委着力打造"班前一刻钟"模式，班子成员利用每天上班前的15分钟定期与村内老人"嘎讪胡"（聊天），了解其生活与健康状况；对于生病住院的老人，班子成员都会送上关心和慰问；3个大片区的网格长能够熟练叫出每个片区每户家庭老人的名字，知晓其年龄、喜好和生活习惯，积极为老人提供情绪价值。

2. 丰富村居文化

胡光村整合老年活动室、文体综合室、农家书屋、健身广场等文体资源，建立文体资源共享机制，组织老人开展健康向上的社区文体活动，比如参与兴趣班、手工艺课程、文化活动等，丰富其精神文化生活，促进老人的社会交往。村里建立了多支互助团体，鼓励并引导老人积极参加，以收获成就感和价值感。此外，村里还积极打造了结对志愿服务项目，每年至少开展结对活动9次。如与杏花村厂党支部结对，为高龄老人送月饼；与中心医院科室党支部结对，为老人测血压、提供医学咨询；引入文艺表演团队为老人演出等。各类文体互动活动平均每年服务老人2 272人次。

图3　2020年12月,村委会组织老人在妇女微家开展手工制作活动

图4　2023年6月,村委会组织开展沪剧演出文艺活动

3. 搭建代际桥梁

胡光村空巢老人较多，没有子女在身边照料和陪伴，可能出现精神空虚、孤独等心理状态。村里考虑到基于邻里关系的社会代际支持更能使老人感受到温暖和被尊重，主动搭建了青年村民与老人之间交流沟通的桥梁，定期组织开展青老互助活动，并为部分行动不便的老人送"学"上门、送书到家，采用讲政策、读故事、谈分享的方式共同学习，通过喜闻乐见的形式、生动具体的故事、通俗易懂的语言，用"乡音"传递"党音"。

三、创新与成效

胡光村基于乡村老人的生活情境，积极创新管理体制，整合物质文化资源，着力提升"有温度、有力度、有广度"的综合为老服务能力，营造了孝亲敬老的社区氛围，全面提高了老人的生活质量。

（一）管理细致有温度

胡光村是泖港镇最早实施《乡村治理积分制方案》和网格化管理的村庄之一。自2023年初以来，胡光村探索实施乡村精细化微治理，推行微网格积分制，建设微网格服务点，打造共建共治共享的治理格局。在此过程中，胡光村坚持听取村民意见，动态调整管理方法，彰显管理温度。① 从年度评比到季度激励。微网格积分制年度奖励的激励效果通常仅持续3个月左右，而改进后的季度奖励有效保证了激励效果的持续性，激发了村民遵守村规民约的积极性。② 从物质满足到精神鼓励。在物质奖励效果显著的基础上，胡光村更加重视满足村民的多层次精神需求。每年针对符合乡村五"美"标准的村民，村里邀请凌雁健身队送"福"上门，让村民实现自我价值，发挥引领作用，共同维护美丽乡村。明确的激励措施将"要我做"变为"我要做"，显著提高了村民参与乡村治理的积极性。

（二）服务贴心显力度

胡光村积极关注村里空巢老人的生活，主动对接提供餐、医、养、康等"六助一护"服务，重点推进适老化改造、日间照料、老人助餐、居家养护等项目。如老人的一日三餐，社区食堂能解决；日常诊疗，家庭医生来操心；沐浴照护，专业人员齐上门，让老人乐享幸福生活。截至2023年10月，胡光村针对老年人群特别是残疾老人已推进适老化改造4户、无障碍改造22户，加装楼梯扶手、智能感应灯、智能马桶等设施，并以此为契机，找准养老服务的着力点和突破口，通过"嵌入式"机制，盘活闲置资源，将空置20年的胡光小学改造成老人日间照料中心，并打造成集生活服务、助餐服务、健康服务、文体服务、教育服务、心理服务、志愿服务等于一体的养老服务网络，成为养老服务"幸福圈"中的"核心圈"，让老人在熟悉环境中实现"老有所养"。日间照料中心提供助餐服务，每年为5 720人次提供送餐助餐服务，真正解决了村里独居老人用餐困难问题。日间照料中心这一"媒介"同时传播了镇党委、政府的关怀，将服务送至老人"家门口"，延伸了养老服务"最后一公里"。

图5　老人在日间照料中心活动

图6　老人吃到助餐点提供的餐食露出开心的笑容

（三）活动丰富显广度

胡光村有效整合乡村教育文化资源，利用律师讲座、知识科普、文体活动、志愿活动等形式，开展农村社区的老年教育工作，以村民喜爱的形式开展适应老人需求的教育活动，不断丰富老年教育的内容和手段，积极开展思想道德、科学普及、休闲娱乐、健康知识、法律法规、家庭理财等方面教育。此外，胡光村还建立了3支文化团队：凌雁健身队、墨润胡光书法队和木兰扇队，累计开展常态化活动100余次，受益人次超4 000人次。胡光村充分利用结对资源，在中秋、重阳等节日，为村里老人送去真挚慰问，每年累计慰问254人；在元宵、端午等节日，为一些特殊家庭送去手工元宵和粽子。村里针对高龄独居老人建立台账，由网格长、微网格长定期前往老人家中，了解其生活、健康状况与需求。胡光村将这些活动指标纳入村规民约，组织社区敬老爱老助老主题教育，加大对"敬老文明号"和"敬老爱老助老模范人物"的宣传，不断提升社区养老服务能力，积极弘扬孝亲敬老氛围。

图7　2023年2月,村委会代表为90岁以上老人送上元宵

图8　胡光村弘扬孝亲敬老展示墙

四、启示与展望

新时代村居的养老工作，不再只是简单的物质供给，满足老人的物质需求，还应该注重丰富老人的精神生活。农村养老工作可因地制宜，在梳理、集聚与联动本地与各方服务资源的基础上，构建"嵌入式"与"互助式"相结合的养老模式，通过个性化服务满足不同老人的各层次需求，让老人能够在熟悉的生活环境中获得生活照料、心理慰藉与精神支持，在晚年生活中享有幸福与尊严，实现活力养老。

下一阶段，胡光村将抓创新求突破、抓规范促提高、抓典型带整体，结合创建老年友好型社区工作，持续推进适老化改造与宅基地平移工作，为老人提供更为安全舒适的居住环境，让村居环境更美丽；继续挖掘更多的服务资源，推进以"核心圈、服务圈、幸福圈"三位一体的"养老服务联动圈"建设，将多项为老服务措施及服务资源集聚到老年人"家门口"，满足其身心健康与精神文化需求，架起家庭与社会间的爱老、敬老、助老重要桥梁，提高老人晚年的生活幸福指数。

（报送单位：松江区泖港镇胡光村）

专家评析

老年友好社区建设需要考虑社会、经济、文化等多元背景。随着青壮年人口离开农村生活与就业，仅老人留守在家，胡光村因此正逐渐变成"老人村"，亟须探索适宜的居家养老模式。胡光村传承优秀文化传统，以孝亲敬老为核心理念，以制度创新与文化规约为基石，构建了"嵌入式"与"互助式"相结合的三位一体养老服务体系；在实体空间和社会空间两方面探索老年友好社区建设，为老人创造了安享幸福晚年的支持性环境。在实体空间方面，胡光村积极推动农村居住环境改善与适老化建设，并集聚公共服务资源打造"嵌入式"服务模式，帮助老人足不出村就可满足各项生活、健康与文化服务需求；在社会空间方面，胡光村为弥补留守老人家庭代际支持的弱化，加强了对老人的社会关爱，构建"互助式"支持系统，帮助老人在熟悉的村居环境中，更多参与社会生活，减轻了老人的孤独感与无助感，实现更加自主、有自尊的健康生活。

贾守梅

复旦大学护理学院　副教授

互助养老留乡愁，永联蝶变颐养村

  永联村位于上海市闵行区梅陇镇的中东部，是城中村的典型代表。全村区域面积达1.93平方公里，总户数198户（已动迁的除外），拥有户籍人口2 245人，常住人口5 326人，其中60岁以上的老人723人，约占总户籍人口的32%，老龄化问题较为突出。村里有空巢独居老人3人，失能老人6人，计划生育特殊家庭老人4人。自2017年开展"五违四必"环境综合整治和美丽乡村建设以来，永联村的村容村貌发生了翻天覆地的变化，村民生活的幸福指数也日益提升，实现了乡村治理的华丽"蝶变"。为应对老龄人口不断增加带来的新挑战，永联村积极贯彻落实人口老龄化战略部署，推进老年友好社区建设，探索农村互助式养老模式与孝亲敬老机制，切实增强了老人的获得感、幸福感、安全感。

一、背景与动因

  随着年轻人外出务工、在外购房定居的情况越来越多，永联村空巢老人的数量也随之呈现上升趋势。一方面，这些老人大多不愿离开故土，踏足陌生环境；另一方面，受本地乡风习俗的影响，老人及其子女均对"外面"养老院持有某种程度的偏见，认为在有儿有女的情况下去养老院，就代表着儿女不孝等。此外，农村老人的养老金微薄，而专业养老机构往往收费较高，这也成为老人与专业养老机构间较难跨越的一道鸿沟。因此，如何在老人熟悉的生活环境中，挖掘潜在的养老资源，构建适宜的养老模式，满足村里老人的养老需求，保障老人的生活质量，成为永联村面临的重要问题。

二、举措与机制

永联村积极探索属地嵌入医养结合养老模式,营建代际互助孝亲敬老的颐养家园,全面提升了农村老人的生活质量与幸福感。

(一) 老有所养:建立长者照护之家

为了让村里老人能安享晚年,永联村积极探索解决农村养老难的问题,经过区、镇领导多次视察、调研和共同商定,于2018年底成立了上海市首家农村互助式养老试点机构——吴介巷长者照护之家。吴介巷长者照护之家是利用农村闲置宅基地改建而成的,所有软硬件设施均按照养老标准建设。照护之家建筑面积约700平方米,设有30张床位,绿化布置、软硬件设施均按照高标准进行配比,内有标准的餐厅、阅览室、多媒体室、会议室、整体连廊、体育休闲设施和300平方米的后花园,同时加装观光电梯,方便老人上下楼。院内还拥有全覆盖的监控设施,各个房间还有单独的警报器、烟感器、无毒无害的小型灭火器。

长者照护之家优先向村里独居老人开放,老人还可使用长护险抵扣一部分费用,性价比较高。"我们建立这家养老院的初衷,是可以让从

图1　吴介巷长者照护之家

小看着我们长大的长辈们不出家门就能享受到专业化、品质化的集中养老服务。"永联村党总支书记吴子明饱含深情地谈道。目前，长者照护之家已"满员"，其中最年长的老人已99岁高龄。

（二）行有所便：打造"15分钟养老生活圈"

永联村在美丽乡村建设的过程中，坚持以村民实际需求为出发点，特别是围绕老人的日常生活，打造了一系列便民服务措施。

在日常出行方面，永联村对村宅道路进行了全面升级改造，沿路安装了路灯、路标等，确保老人的出行安全。村宅采用"封闭式管理"，并配有全天候安保执勤、全方位视频监控、24小时服务热线等，让老人在村宅内住得放心、安心。同时，永联村还与交通有关部门沟通、合作，优化公交线路，切实解决老人的出行难题。

在适老服务方面，村委利用闲置的民房、空地改造成党群服务站、司法调解室、学习文化活动中心、老年活动室、长者健康宣教室、睦邻点、超市、菜场、健身器械等为民服务配套设施，让老人们享受到更好的"一站式"社区服务。看到永联日新月异的变化，村里的老人发自肺腑

图2　"一站式"社区服务

地说道："以前村里脏乱差,后来通过美丽乡村建设,生活越来越便利,而且,村里对老人非常关心照顾,我们住着很安心!"目前,永联村还在探索一网通办和一网统管融合服务的新模式,构建乡村服务"智慧网",通过提供数字化信息服务,让老人不出村就能办理各种业务,为老人提供了极大的便利,打通为老服务的"最后一公里"。

（三）医养结合：让老人更有"医"靠

居住在吴介巷长者照护之家的老人可以享受到由专业医疗机构——上海同康医院提供的日常医疗服务,派驻的专业护理团队为老人提供24小时全天陪护、一周一次的基本检查、一年两次免费体检等服务。"我非常感谢我的护理员,他们照顾得很细致,就如同我的左右手。我和这里的伙伴们相处得很好,孩子们也都松了一口气。"住在长者照护之家的唐阿姨表达了对机构服务的极大肯定。永联村还与上海同康医院达成绿色通道协议,如有挂号看病或紧急就医需求,老人可直接前往同康医院就诊。如需要长期医疗照护,同康医院也可提供专业护理床位,真正实现"医养"的无缝对接。

图3　永联村卫生室

　　同时，永联村还在积极推进镇卫生院和村卫生室一体化管理。目前村内设有一个卫生室，为村内老人提供便利的基本医疗卫生服务。村委还与专业医疗机构签订家庭医生服务项目，定期为老人提供健康状况评估、辅助检查和健康教育与指导等，并为60岁以上老人提供免费的医疗体检和妇科检查，及时排查疾病等，为老人的身体健康保驾护航。

图4　老人参加"长者运动健康"宣教活动

（四）以文养老：让文化新风滋润精神世界

　　在永联，老人们不仅能够住得舒心，更能活得"出彩"。吴介巷长者照护之家为老人们提供了精彩纷呈的活动，每周都会有志愿者陪老人们做益智游戏，并提供理发、测血压等志愿服务。村里经与上级单位、共建单位沟通，每月会邀请专业老师开展健康讲座以及插花、沪剧等课程，为老人们送上"精神食粮"，致力于让老人"老有所学"，充实自我。

　　此外，永联村根据村里老人的兴趣爱好和特长，组建了多支活跃在乡村的学习型团队。这些团队的学习内容涵盖健身操、腰鼓、交谊舞、合唱、沪剧、书法、读书读报、环保手作等多个方面。在各大节日来临之际,村委还会邀请这些团队到长者照护之家为老人们送上文艺演出节目,他们的精彩表演得到了大家的一致好评。

图5　永联村学习团队为长者照护之家老人表演节目

　　永联村不仅有学习型团队,更是组建了一支"老年护村队",组织本村老人参与村庄安全巡逻、督导垃圾分类投放、维护公共卫生等志愿工作。老人们的互助互管,不仅让老人发挥了余热,让其"老有所为",更让他们以"主人翁"的姿态为乡村的文明和谐贡献力量,真正构建"共建共治共享"的乡村治理格局。

　　(五) 代际互助:共建社区颐养家园

　　村里成立了一支志愿者队伍,志愿者们会与老人共同开展代际互助活动,志愿者每周都会陪老人们聊天、做益智小游戏,还会提供理发、剪指甲等志愿服务。在活动过程中,既可以达到为老人解闷的目的,又可以让年轻的志愿者们有机会倾听老人们年轻时候的故事,老人们也有机会为志愿者们提供一些人生建议。

此外，村里还鼓励年轻老人帮助高龄老人，邻里间相互扶持，互相提供生活照料（如陪同看病就诊、解决生活琐事等）、情感慰藉（如回顾往事、交流想法等），即实现邻里互助，一定程度上能够弥补家庭成员间代际养老支持的不足，促进了社区颐养家园的建设。

图6　志愿者在母亲节与老人们同做手工花束

（六）凝聚共识：弘扬传承"孝"文化

永联村注重敬老爱老助老的乡风建设，经常性组织开展各种形式的关爱老人主题活动。在中秋节、重阳节等重大节日来临之际，村委干部不仅会为老人们准备精彩的演出，更会为老人们送上问候礼品和节日津贴，让老人们感受到村集体大家庭的温暖。

村委还建立了对村内独居、留守、残疾老人或特殊家庭老人的定期探访制度，切实做好老人基本信息摸查，以电话问候、上门走访等方式，定期了解村内老人生活情况，将存在安全风险和生活困难的老人作为重点帮扶对象,并及时通知其子女或其他法定赡养人。

　　不仅如此,永联村还利用"五违四必"工作整治出的近60亩土地打造了一座"村民后花园"——永联文化生态园。该生态园结合儒家思想中的"仁、义、礼、智、信"及孝道文化等传统文化精髓进行整体布局,在园内嵌入孔子塑像、黄道婆纪念碑、二十四孝故事等元素,旨在宣传和弘扬尊老为德、敬老为善、助老为乐、爱老为美的传统美德。通过弘扬传统文化,充实了村民的精神世界,营造了孝老爱亲的良好氛围。

图7　永联文化生态园

三、创新与成效

　　永联村嵌入式的互助养老模式在一定程度上打破了村里老人们传统的养老观念,长者照护之家让老人在不离乡土、不离乡邻、不改变原有生活方式的情况下,在家门口就能享受到专业化、品质化的集中养老服务,真正打造家门口的"颐养乐园"。村里提供来自社区的代际支持服务，不仅满足了老人的物质需求，更照顾到了他们的情感需求，让他们在安享晚年生活的同时，也能实现自我价值。老人在这里不仅可以得到专业的医疗照护，还能够有机会参与各类活动，促进了老人的社会融入，丰富了其精神世界，大大提高了其生活质量。

永联村还积极增强老人的社会参与。学习型团队的成立，不仅让老人有了施展才华的平台，更让长者们感受到了乡情的温暖，在你来我往的接触和交谈中，感受晚年生活的深厚韵味。金仙是舞蹈队及沪剧队的负责人，她说："我们舞蹈队每天雷打不动都有活动，队员们在运动中强身健体，感觉一天比一天年轻！"谈及沪剧队，金仙十分感激永联村委的大力支持："为了让我们的表演更专业，村里出资为我们找了一个专业的老师每周教授相关课程。我们的水准也越来越高了！"这些退休的老人们虽然已经从社会的"大家"回归到了自己的"小家"，但学习团队的创建给予了他们自我展示的平台，让老人从自己的"小家"又走向了社会的"大家"，切实丰富了老人们的精神文化需求，实现自身价值的"二次创造"。

我国自古就有"老吾老以及人之老"的传统美德，应充分发挥尊老、敬老和助老的文化优势。永联村打造的文化生态园及建立的孝亲敬老机制，弘扬了孝道文化，营造了具有我国传统文化特色的老年友好社会文化氛围，为老人参与社会公共生活提供了包容性的社会支持环境。

近几年，永联村曾先后获得第三批全国乡村治理典型案例、上海市文明村、上海市美丽乡村示范村、上海市老年友好型社区、上海市民终身学习人文行走学习点、上海市老年教育养教结合学习点、上海市宣传部创新优秀品牌等荣誉称号。作为闵行区美丽乡村建设的样板，永联村每年接待参观人群近万人次，得到了中央电视台、上海电视台、《解放日报》《新民晚报》《文汇报》、人民网等多家媒体的专题采访报道。永联村的农村互助式养老模式还曾入选学习强国《习近平的足迹》栏目。

四、启示与展望

永联村的做法充分体现了"以人为本"的发展理念,从老人的需求出发,力求达到提供的支持与老人的需求之间的平衡,通过结合自身实际,积极探索和创新农村互助养老模式,成功解决了"养老难"的问题,这给乡村养老提供了可行的参考经验。

未来,永联村将在上级部门的坚强领导下,在农村养老方面进行合理有效规划,继续探索新技术在老年友好社区建设中的应用,不断满足老人日益增长的高品质养老需求,走好乡村振兴与适老化融合发展之路,以永联村的华丽"蝶变"托起老人的"幸福夕阳红"。

（报送单位：闵行区梅陇镇永联村）

专家评析

乡村社会承载着文化记忆和乡愁情感,展示着长期以来约定俗成的乡土文化。永联村作为城中村,面对人口老龄化且家庭代际支持弱化的现状,从村里老人的现状与需求出发,坚持"以人为本"原则,通过建设嵌入式养老机构(长者照护之家),构建社区多元化互助养老机制,营造孝亲敬老社会文化氛围,促进了老人的身心健康,增强了老人社区形态的社会参与。农村互助养老模式在实现村里老人就地养老愿望的同时,营造了安全而有尊严的老年友好社会文化环境,为积极应对农村社会的人口老龄化,促进老年友好型社区建设,增进老年人福祉提供了示范和参考。

贾守梅

复旦大学护理学院　　副教授

从"惠老小屋"到"孝亲长廊"：
党建引领谱写孝亲敬老新篇章

航头镇汇仁馨苑地处地铁16号线鹤沙航城站西侧，东至沪奉高速，西至航昌路376弄，总占地面积约为3.38万平方米，建筑面积约为9.16万平方米。坐落于浦东新区航昌路489弄，位于鹤沙航城片区东南部，汇仁馨苑社区为经济适用房小区，于2014年8月交房，小区居民大多都来自黄浦、杨浦、浦东新区3个地方。汇仁馨苑共有1 194户，其中有66户是廉租房。截至2023年6月，汇仁馨苑的实有人口共有2 275人，60岁以上的老年人908人，占实有人口总数的39.91%，其中80岁以上的老年人口总数为55人。

一、背景与动因

航头镇鹤沙航城片区作为上海市大型动迁安置基地，常住人口老龄化率较高。在当前人口老龄化的背景下，航头镇汇仁馨苑面临着越来越多的老年人居住需求。为满足老年人日益增长的需求，汇仁馨苑决定积极开展老年友好型社区建设，以创造温馨、充满关怀的居住环境。汇仁馨苑在依托镇级社区养老服务各类资源的基础上，探索出一系列改善社区环境、增能为老服务的可行之路。

二、举措与机制

如何让汇仁馨苑的老年人享受到良好的照护、优质的养老服务，成为汇仁馨苑党总支多年来一直致力解决的问题。在创建全国示范型老年友好社区的过程中，汇仁馨苑党总支总结探索出了养老服务发展的新模式,让汇仁馨苑老人有了一个在"家门口"安心、放心、舒心养老的新选择,让他们老有所乐、老有所思。

(一) 需求为本,打造"共建联建"多元助老新模式

整合共建资源为老服务模式不仅提供了多样化的服务场所,而且提供了多层次的服务内容,全面满足老年人的需求。通过这一模式,在助餐、助洁、助医、康复护理、辅具租赁等方面,汇仁馨苑老年人在社区内得到全方位的关怀和支持。这不仅提高了老年人的生活质量,也增强了社区的凝聚力,促进了社区的和谐发展。

1. 惠老小屋

汇仁馨苑小区周边虽有12家商铺,但多以销售日常消费品为主,加上小区养老软硬件基础设施不足,社区层面向老年人提供服务的设施少、规模小、功能单一,无法满足老年人急需的供餐助餐、精神慰藉、康复护理等需求,社区养老服务人才缺乏,服务受限。作为老龄社区,更多老人的生活照料和疾病护理依赖于社会福利和社区服务。针对这

图1　惠老小屋编织班活动

一情况，社区党支部充分把握矛盾点，通过召开座谈会、通气会了解居民的急难愁盼问题，形成项目清单。"惠老小屋"正是在这一背景下，由居委会、物业、业委会多次召开"三驾马车"协调会商讨对策，应运而生。最后在镇社建办及镇社会组织的大力支持下，将小区门口办公用房商铺打造成"惠老小屋"，并在镇社区组织的牵线搭桥下，引入"心护懿管家"第三方服务资源，为社区老年人提供生活照料、健康管理、助餐助浴、家政服务、日常用品租赁、代配药、通信服务等更专业、更全面的服务。

2. 爱心"联系卡"

面对老人逐年增多的趋势，汇仁馨苑社区为辖区内80岁以上的高龄老年人量身定制了"爱心联系卡"，让助老服务触手可及。截至2023年年底，共计发放"联系卡"58张。爱心卡片外观上小巧精致，方便携带，上面标注了老年人的姓名、家庭住址、家人联系方式、居委会电话等信息，以及24小时接受求助和咨询事项。老人凭爱心联系卡可以在

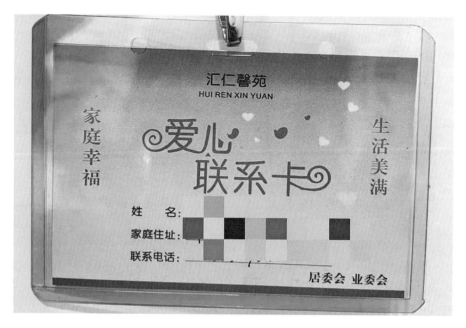

图2　汇仁馨苑"爱心联系卡"

必要时刻享受上门服务,如物业上门维修、志愿者陪聊、代配药、代缴费等。此外,老人还能凭卡享受免费理发、过集体生日等超值服务。民生无小事,汇仁馨苑社区紧紧围绕"人民至上、生命至上"理念,坚持以人民为中心,主动靠前服务,一张小小的"爱心联系卡",汇集着汇仁馨苑社区对辖区内老年人的牵挂和关怀,也架起了社区大家庭和特殊群体之间的"连心桥"。

(二) 丰富社区群团自治建设,唱响养老服务"合奏曲"

互助型养老服务模式是在"乡土社会"背景下,特别是在人口老龄化进程持续加快、人民生活水平不断提高的当下,建设发展老年群体邻里互助式社区的一种有效形式,汇仁馨苑居民区也开展了有益的探索。

1. 自治队伍建设

汇仁馨苑居民区坚持党建引领,不断培育居民区自治、共治载体,培育了8支志愿者队伍,其中包括馨媛霓裳走秀队、开心坊编织队、小红旗巡逻队、小喇叭宣传队、义务消防队、清洁家园队、四叶草花友会等多

图3　汇仁馨苑自治队伍

个团队，这些团队的志愿者年龄平均在60岁以上，共计有76人。居委会积极申报各类自治金项目，如"寂寞剧社""志愿者积分"等，制定操作性强、覆盖面广的积分奖励管理方法，让愿意参与社区志愿者服务活动的居民加入志愿团队，根据活动内容发放不同分值的积分卡，促进志愿服务工作机制的不断完善，同时，社区搭建一些适合中青年居民的特点、特长及他们感兴趣的活动平台，让更多的年轻人参与进来，感受到社区的需要，从而提升自己的关联度，激发年轻人的主人翁意识，同时让越来越多的居民群众自觉投身到志愿服务活动中去。

2. 打造"特色"楼道

自汇仁馨苑小区被评为2018年"鹤邻居"美丽楼道建设示范楼道以来，汇仁馨苑党总支坚持让居民自己打造和管理楼道。为充分体现居民在家园建设中的主人翁地位和主体作用，汇仁馨苑以党建引领下的自治、共治、德治、法治"四治"联动为手段，通过机制推动、氛围促

图4　汇仁馨苑"鹤邻居"美丽楼道

动、活动带动等方式，实现"一人带动一家、一家带动一楼、一楼带动一社区"，让汇仁馨苑从"生人社区"到"熟人社区"再到"主人社区"。现如今，已经做到了小区楼道改造全覆盖，11幢高楼以"馨"开头，按楼编号顺序，分别取名为馨睦、馨家、馨和、馨德、馨友、馨里、馨庭、馨善、馨颂、馨邻、馨美，把后面的词序略加调整后连读，则成了一副小区楹联：家庭和睦，邻里友善；横批：颂美德。以老年志愿者为主的"一长四员"（楼组长，安全员、调解员、宣传员、卫生员）组成楼道自治小组，让邻里"最熟悉的陌生人"在小区互联互动，让老年朋友可以在"楼道会客厅"里读书、看报、学党史等。

3. 社区环境改造

百花园改造之前是一块位于汇仁馨苑小区7号楼南面的空地，为了充分利用这片闲置空地，进一步改善小区的生态环境，为居民提供交流和共享的空间，增进睦邻关系，百花园以尊重自然、生态改善为基本原

图5　汇仁馨苑"孝亲长廊"

则，兼顾居民的亲近体验和景观感受，确保在物质空间和视觉上提升自然特征和品质。在空间布局上，从环境、体验和休憩上进行层次划分，设置了休息长椅等设施，老年人朋友们可以在这里聊天、赏花。小区西南角打造了"孝亲长廊"，茂密的爬藤绿植已长成"雨棚"，为居民遮阳挡雨，为长廊增添了无限生机。长廊中张贴了"老吾老以及人之老，幼吾幼以及人之幼""事其亲者，不择地而安之，孝之至也"醒目的家风家训标语，创造了更为温馨、安逸的休闲空间。此外，还有为老年人和孩子设计的标准健身器材和橡胶路面，解决社区居民最关心、最直接、最现实的生活问题，让居民乐享绿色空间所带来的生态福利，提升居民的幸福感和自豪感。

（三）聚合医疗资源，奏出健康保障"最强音"

1. 推行家庭医生签约，织密银龄"防护网"

汇仁馨苑和航头镇鹤沙社区卫生服务中心通过党建联建开展的家庭医生签约项目，特别针对60岁以上的老年人建立了健康档案，提供

图6　汇仁馨苑家庭医生"代配药"服务

健康咨询、筛查评估、监测随访、家庭病床预约、指导干预等健康管理服务,有条件的也可提供互联网诊疗服务。截至2023年年底,汇仁馨苑小区家庭医生签约率达91.4%。通过签约服务,社区医生能更全面地了解老年人的健康状况,并定期为老年群体提供健康监测和药物配送服务。同时,社区医生会每周亲自前往小区居民家中,为其量血压、测血糖,并代为配送所需的药物。家庭医生签约项目为居民提供连续综合、安全有效、便捷经济的基本卫生健康服务,充分发挥家庭医生作为居民健康"守门人"的职责。

2. 推广普惠老龄保险,撑起安康"保护伞"

大力发展银发经济,推动老龄事业与产业、基本公共服务与多样化服务协调发展,是满足老年人多层次多样化需求的重要方式。航头镇汇仁馨苑居民区党总支坚持把百姓福祉放在工作的最高位置,做到为百姓谋福利、尽责任,连续9年为60周岁以上的户籍老年人送上"平安添福"意外伤害综合保险。同时,汇仁馨苑也会开展镇级春节、高温、重

图7　汇仁馨苑"敬老"活动

阳等敬老慰问发放等工作，为老年人提供了全面的关怀和支持。通过聚合社区医疗等资源，为老人提供了全方位的健康保障。从医疗服务到环境改造，从保险保障到慰问活动，社区为老年人提供了全面的关怀和支持，让他们在社区中享受到幸福和健康的晚年生活。

三、创新与成效

汇仁馨苑党总支坚持"老有所养、老有所医、老有所乐、老有所安"工作原则，有效推进"全国示范性老年友好型社区"建设。

（一）适老社区，关怀为本

老年友好型社区建设的必要性不言而喻。随着人口老龄化趋势的加剧，社会对老年人的关注和支持变得尤为重要。汇仁馨苑通过建设老年友好型社区，为社区内老年群体提供适宜的居住环境、便捷的医疗服务和丰富多彩的社交活动，满足老年人的各种需求，促进他们的身心健康，增强其幸福感。同时，建设老年友好型社区是对社会进步的回应，通过提供全方位的服务和支持，社区能够创造一个宜居、宜老的环境，为老年人提供有尊严且舒适的晚年生活。

（二）资源互动，共建共享

汇仁馨苑地处鹤沙航城东南部，拥有丰富的社会公共资源和便捷的交通网络。其中，航头鹤沙社区卫生服务中心作为汇仁馨苑社区核心的社区医疗资源，开展的家庭医生签约项目，为60岁以上老人建立健康档案，社区医生每周开展一次为小区居民量血压、测血糖和代配药的服务；依托鹤沙航城社区内综合为老服务中心、长者照护之家、老年日间照护中心、老年人助餐点等为老服务场所和居家养老服务站的社区资源，为社区老年人提供生活上的便利。

（三）急民所急，解民所忧

汇仁馨苑党总支通过广泛收集社情民意，就居民关注的重点问题进行讨论，通过不定期走访社区，了解、倾听老年人的生活需求，制订服务方案。在汇仁馨苑经常能听到居民如是说:"每个月头,居委会工作人员会把这个小屋的活动安排张贴出来,内容非常丰富。""我在这里认识了好几个小区里的老姐妹,日子真是越过越精彩了!"汇仁馨苑社区党总支不是遇到问题了才去解决,而是主动跨前一步,走在问题前面,"精准回应"需求,让每一位老年人在有温度的社区里不再孤单。

四、启示与展望

近年来,航头镇持续聚焦"老有所养、老有所乐"服务目标,积极撬动各类资源,系统谋划养老服务阵地,织密社区嵌入式养老服务网,灵活设置养老服务"微空间",通过探索建设具有航头特色、符合航头实际的养老服务模式,努力提升镇域老年人及其家庭成员的获得感、幸福感和安全感。

(一) 多类型布局,全方位夯实养老服务阵地

为妥善应对老龄化现状,满足老年人的日常生活和照护需求,航头镇系统谋划养老机构布局,推动建立养老院、长者照护之家、综合为老服务中心、日间照护中心,形成以居家养老为主、社区养老为辅、社会养老机构为补充的三级养老服务体系。

(二) 差异化服务,全链条构建养老服务生态

为让老年人在家门口就能享受到多元、优质的集中为老服务,航头镇注重分层分类指导提升养老服务内容:将综合为老服务中心、社区日间照护中心、助餐点和长者照护之家,分别嵌入三大社区中心、养老院和综合便民服务场所。在开展专业轮候式日间照护服务之外,方便老人就近参加便民服务和康养活动;养老机构及护理院为有认知障碍的老人、重症患者提供专业照护,帮助社区家庭做好临终关怀;社区长者照护之家满足了老年人大病出院康复护理或短期护养的需求;积极推进与在建龙华医院开展党建共建,打通就医绿色通道,推动实现优质医疗资源普惠共享。

（三）嵌入式助餐，全区域破解养老舌尖难题

为满足老年人日常就餐需求，航头镇依托社区综合为老服务中心，建立社区长者食堂及助餐点，为社区老人提供堂食和外送服务。长者食堂志愿者配合村居志愿者额外提供送餐上门服务，为行动不便的老年人解决"最后一百米"用餐问题。针对高龄、重病、特困、特殊贡献等四类老年人群，航头镇增设老年人送餐到点补贴和特殊老年人群送餐到家补贴。符合申请条件的老年人可向居住地或户籍地所在村居委申请"鹤龄一卡通"，充值标准为老人自付150元/月、政府补贴50元/月，直接使用一卡通刷卡支付即可堂食用餐；需要申请送餐上门的老人，经补贴后每餐价格为13元，可用现金月结。自运行以来，累计有18 221位老人受益。

（四）互助式睦邻，全空间提升农村养老生活质量

结合农村居住特点，航头镇积极探索互助式养老模式，选择村宅里的一户人家设立"鹤邻家"睦邻点，落实家庭医生、60周岁以上老年人疫苗接种、老年人体检、志愿者等入点服务，有效满足了农村老年人"不离乡土、不离乡邻、不离乡音、不离乡情"的养老需求。聚焦老年居民的急难愁盼问题，依托自治金项目，鼓励各睦邻点组建"小老人帮老老人""老队长工作室"等老年人自治团队，通过开展丰富多彩的互助活动，真正帮助农村老年人实现了在"家门口"养老。自2016年以来，共建立57个睦邻互助点，并实现镇域全覆盖，其中16个睦邻点已被评为市级睦邻点。

（报送单位：浦东新区航头镇汇仁馨苑社区）

专家评析

航头镇鹤沙航城片区是上海市大型动迁安置基地之一。汇仁馨苑的居民主要由黄浦、杨浦、浦东新区等区域动迁而来，社区老龄化

程度高。汇仁馨苑党总支以党建引领下的自治、共治、德治、法治"四治"联动为手段,通过机制推动、氛围促动、活动带动等方式,积极撬动各类资源,系统谋划养老服务阵地,织密社区嵌入式养老服务网,灵活设置养老服务"微空间",探索出一系列改善社区环境、增能为老服务的可行之路。

特别是在小区管理中,汇仁馨苑党总支注重发挥居民在家园建设中的主人翁地位和主体作用,实现"一人带动一家、一家带动一楼、一楼带动一社区",让汇仁馨苑从"生人社区"到"熟人社区"再到"主人社区",有效提升了老年人及其家庭成员的获得感、幸福感和安全感。这些创新性的做法,使社区为老服务既有品质,更有温情。

卢中南

上海复医老龄健康研究中心　常务副理事长

以多元群体进阶式服务，打造
"吾爱·银龄幸福圈"

新虹街道爱博五村是2011年新建的农民动迁小区，位于闵行区天山西路4178弄，紧邻虹桥国际中央商务区核心区，小区面积约为30万平方米，共有88个门栋2 821户。小区常住人口为7 200余人，60岁以上老年人有950人，约占常住人口的13%，其中90岁以上老人有27人，孤老1人，独居老人4人，纯老人家庭102户，三级以上失能半失能老人46人。

一、背景与动因

一辈子劳作的"老村民"习惯了农村生活，一下子从田园村庄住到高楼大厦，对新环境很不适应，对城区化管理也很茫然。在绿化地里种上了菜、进出楼道大门敞开、小区里破墙开店、群租现象比比皆是。同时，因为大部分老年人文化水平有限，与邻里缺乏有效沟通，文化体验匮乏。社区内虽逐渐形成了以兴趣爱好为纽带凝聚在一起的小团队，但由于缺乏合理引导，团队活动始终以自娱自乐为主，无法充分丰富老年人的精神文化生活。

为提升社区老人整体生活环境、引导其树立健康生活意识，爱博五村社区居委会于2012年8月正式成立后，边引导、边实践，通过不断努力，从硬件提升、服务提质、丰富活动、加强参与等多方面着手，以老年友好型社区建设为契机，致力于打造一个温馨和谐的老年友好社区。同时，爱博五村社区依托街道的各项政策资源，凝聚红色物业、智慧养老、社会组织、社区志愿者等多元化力量，着力打造"吾爱五家—银龄家"品牌特色,为社区老年人构建环境宜居、服务暖心、链接时代的"银龄幸福圈",形成"孝亲敬老"的良好氛围。2022年,爱博五村社区成功创建上海市老年友好型社区。

二、举措与机制

社区通过各种整合各种渠道和资源,为社区老年人构建了环境宜居、服务暖心、链接时代的"居住幸福圈""服务幸福圈""智慧幸福圈"等三个"智慧幸福圈"。

(一) 以多样化渠道,打造"居住幸福圈"

安全、便利、宜居的养老环境是老年人幸福生活的根本保障。爱博五村社区以美丽家园建设、红色物业打造等为契机,积极打造老年友好居住环境。

在硬件环境上,不断加强对老年人公共设施的无障碍改造,重点对坡道、楼梯、电梯、扶手等公共建筑节点进行改造,保障步行道路平整安全,针对社区道路系统实行人车分流,机动车道路采用低噪或降噪路面,并设置限速行驶标识和路面减速设施。积极搭建社区紧急救援网络,为社区老年人家庭安装烟感火灾探测报警器等设施设备,提升老年人的紧急救援救助能力。依托政府力量开展适老化改造,并给予资金

(a)　　　　　　　　　　　(b)

图1　爱博五村

补助，提高老人居家生活的便捷性和安全性。作为全国综合防震减灾示范社区，社区居委及物业工作人员定期对独居、空巢、重残等家庭用水、用电和用气设施进行安全检查或入户排查，确保老年人安全生活。

在活动功能上，新虹街道作为全市首批认知障碍友好社区试点街镇，不断将认知障碍友好设施及活动功能下沉至社区。爱博五村社区内除为老年人提供休闲锻炼的健身广场外，还利用长廊步道打造"彩虹椅—记忆长廊"，推动建设"记忆家"老年认知障碍品牌项目。由记忆长廊和彩虹椅构成的室外空间，通过鲜明的色彩引起居民的关注，并以

（a）　　　　　　　　　　　　（b）

图2　爱博五村记忆长廊及彩虹椅

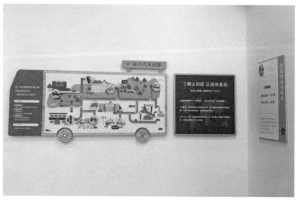

（a）　　　　　　　　　　　　（b）

图3　爱博五村邻里中心记忆角

此为契机通过宣传展板的形式，传播认知症的基础知识和一些有利于缓解症状的良好生活习惯，促进人们对于认知症的了解。室内空间则坐落在爱博五村居民区党群服务站之内，在专业老年社会组织社工的带领下，开展记忆力锻炼、手指操、手工制作等系列活动，让社区居民可以在离家最近的地方完成脑疾病的早预防、早筛查、早干预。

在服务体系上，社区以邻里中心为主阵地，以社区长者食堂、环保小屋为延伸阵地，依托周边公共资源，构建"15分钟老年人幸福生活圈"，在15分钟步行路程内，设有基本养老院1个、民办养老院1个，提供养老床位共690张，综合为老服务中心1个，老年人日间照料中心1个，长者食堂2个，为社区老年人提供日间托养、居家护理、助餐助浴、

（a）

（b）

图4　新虹敬老院

（a）

（b）

图5　新虹街道综合为老服务中心

（a）　　　　　　　　　　　　（b）

图6　爱博五村长者食堂

便民服务、文体娱乐、教育学习、心理疏导、法律维权等一站式综合服务。

（二）以多元化力量，打造"服务幸福圈"

为了让爱博五村内许多习惯了农村生活的"老村民"更好地适应城区化管理，同时丰富他们的精神文化生活，近几年，社区不断通过团队建设、志愿服务等，提升老年人在社区的参与度和活跃度。

在志愿服务方面，凝聚各方力量参与老年关爱及代际互动活动，倡导全体社区居民树立积极的老龄观，打造为老睦邻友好社区。爱博五村于2017年组建了"老伙伴互助队"，让社区"小老人"成为志愿者，坚

（a）　　　　　　　　　　　　（b）

图7　"老伙伴互助队"会议及培训活动

（a）　　　　　　　　　　　（b）

图8　"小蜜蜂"青少年文明实践队代际互动活动

持"小老人帮老老人"，为小区高龄老年人提供陪伴及关爱服务。2019年组建了"小蜜蜂"青少年团队，每年开展"小小银龄家"——"一老一小"代际互动活动，通过"以少悦老"推动老年人积极健康生活。定期组织社区老年关爱志愿者开展"老吾老"家庭养老照护培训及实训，提升失能老年人照护者的护理技能，帮助其更好地履行家庭照料职责。

　　在社区参与方面，爱博五村先后成立了党员巡逻队、春风舞蹈队、巾帼发报组、教师讲堂、手工班、科普种植班等16支以老年人为主体的社区团队，引导团队自我管理、自我服务、自我发展，培育打造团队的品牌特色，通过每年超300场的各类特色活动，让有共同兴趣爱好的老年人更好地互动、交流，满足老年人的精神文化需求。自2019年起，社区依托专业社会组织力量打造"银龄骨干联盟"品牌项目，通过"统筹管理—自治引导—团队培育—服务反哺"的制度体系，引导老年"社区领袖"共同参与社区自治，让老年人从"旁观者"变为社区事务管理决策的"参与者"，增强老年人对所在社区的归属感，提高他们参与社区自治的积极性。如围绕绿色社区创建工作，银龄骨干联盟作为表率，在社区环保小屋阵地率先开启了"绿色生活流动计划"，通过平台内的阳台绿植、种子、老物件流动交换活动，积极带动广大居民参与睦邻营造、践行低碳生活，同时拉近邻里关系；在对青年志愿团队进行社区自

（a）　　　　　　　　　　　　（b）

图9　银龄骨干联盟自治培训及议事活动

治参与理念及方式培育的同时，银龄骨干联盟成员通过创意种植、私厨烘焙、实践手作等年轻人喜闻乐见的活动，吸引年轻人了解并参与社区自治重点工作，使其逐步从简单参与的志愿者，过渡为社区自治的新生力量。

（三）以多智化平台，打造"智慧幸福圈"

随着数字化转型进程的逐渐加快，如何利用数字化技术造福老年人，让老年人更好地融入当今的数字生活是一项全新的课题。新虹街道积极推进"居家虚拟养老院"建设，建立新虹特色的智慧健康养老服务体系，该项目也于2022年在全球智慧城市合作与发展大会上获评"2022城市数字化转型优秀案例"。街道同时依托智慧健康养老服务体系，不断将智慧化服务下沉至爱博五村社区。

在智慧助餐方面，爱博五村积极推进社区长者食堂建设，在助餐工作中融入智慧养老场景。在功能打造方面，除了传统的助餐功能，长者食堂拓展"助餐＋康养服务"，对身患糖尿病、高血压的老人，推出无糖、低盐、低糖菜等健康菜品。拓展"助餐＋智慧养老"，实现自动结算、刷脸支付、营养查询分析、自助微体检等智慧应用场景。拓展"助餐＋为老服务"，在非就餐时段开展中秋、国庆等类主题活动，建立膳管会等自治组织，引导公益资源进入餐厅，打造社区为老服务综合体。

图10　爱博五村长者食堂结算系统　　　图11　爱博五村膳管会自治活动

在居家养老方面,倡导试点"家庭养老床位",将具有血压测量、定位防走失、一键紧急呼叫等功能的智能手环,具有24小时睡眠监测、离床未归预警等功能的智能床垫,同信息化管理平台相结合,为老人提供智能居家看护服务,以机构、社区、居家相融合的二位一体智能系统,实现老人与子女、服务机构、客服人员的信息交互,对老人的身体状态、安全情况和日常活动进行有效监控,满足老人在生活、健康、安全等各方面的需求。设备通过感应器和检测数据,分析老人的日常行为,系统通过数据采集整理,分析老人的日常生活习惯,设定报警阈值。当设备

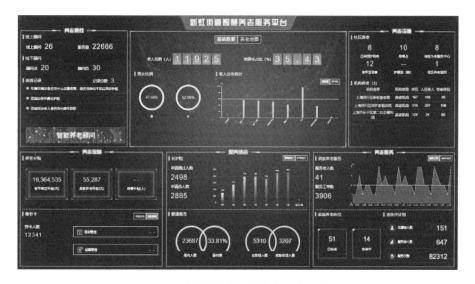

图12　新虹街道智慧养老服务平台

侦测到异常行为时，系统将自动发出不同级别的警报，客服人员立即响应，并联系老人、家属以及就近工作人员。

在倡导数字生活方面，积极发挥平台指导和服务的作用，在邻里中心设立长者智能技术运用能力提升行动的服务点，由居委干部以及社会组织团队共同帮助老年人学习智能手机和智能技术的使用，缩小老年人群与青年人群之间的"数字鸿沟"。

三、创新与成效

通过街道、社区、居委三方围绕老年友好社区创建工作，爱博五村社区已经形成了温馨和谐的老年友好氛围。特别是依托街道的政策支持，动员多方参与，形成了"吾爱五家—银龄家"品牌特色，为社区老年人构建了环境宜居、服务暖心、链接时代的"银龄幸福圈"。

（一）"居住幸福圈"，让老人宜居宜乐

截至2022年，爱博五村社区已搭建完善的紧急救援网络，为社区内35户老年人家庭安装感烟火灾探测报警器等设施设备，提升老年人紧急救援救助能力；先后对社区20户60岁以上的老年人家庭开展适老化改造，提高其居家生活的便捷性和安全性。

社区同时积极推进"记忆家"老年认知障碍品牌项目打造，通过"一廊一室一阵地一项目"，通过"空间营造+活动打造"，将认知障碍科普、筛查与创意互动活动融入老年人的日常生活，营造一个功能多样的生活空间。截至2023年4月，爱博五村共完成社区老年人认知障碍筛查452例、个案建档12户；开展上门关爱服务24次；开展科普宣传活动14场，参与人次达369人次；开展团体干预活动8场，参与人次达135人次；完成认知障碍专项适老化居家改造6户。完善科学的认知障碍科普、筛查、干预、辅助体系，为社区老人尤其是有潜在认知障碍的老人带来了生活的新希望，也让老年人对于认知障碍有了更成熟的认知，学会正确看待认知障碍。

（二）"服务幸福圈"，让老年人怡情怡然

截至 2023 年年底，社区已吸纳"老伙伴互助队"成员 10 人，并与社区高龄老人形成一对一结对，定期开展上门慰问、互助活动等，并建立个人化档案，形成完整的服务与反馈流程。同时，培育"小蜜蜂"青少年团队成员 80 人，每季度及重要节假日期间，与社区老人携手开展代际互动活动，通过青少年的活力与热情点亮老年人的生活。

由社区 16 支团队组成的"银龄骨干联盟"作为爱博五村老年友好型社区创建品牌化项目之一，已运行逾 3 年，通过活力季、共建季、睦邻季、服务季"四季"主题活动，聚焦社区老年团队参与社区治理的各个方面，激发老年团队活力、促进协作共建、加强睦邻营造、提升服务品质，通过季度化的"记录、培训、展示"，让社区参与成为老年人参与社区治理的"常态化活动"，让社区参与融入其生活的方方面面。在规范老年团队参与形式、提升老年团队参与能力的基础上，为老年人搭建风采展示的平台，极大地提升了老年人社区生活的获得感与幸福感。

（三）"智慧幸福圈"，让老年人脱困脱钩

随着智慧型养老社区的建设，爱博五村老人们的生活也开启了崭新的篇章。社区长者食堂配备的电子支付、数字健康检测等各种智慧化设施，让老人们逐渐感受到了数字化应用的便捷，科学营养的配餐也让前来就餐的老年人赞不绝口。

同时，社区已为 24 位老人配备"家庭养老床位"相关设备及服务，老人若有不适，按下紧急呼叫按钮，信息平台系统立即响应并迅速处置，同时系统会根据报警联络用户，确认用户状况，根据情况通知老人子女和工作人员，为居家养老提供更为安全与便捷的保障。

四、启示与展望

爱博五村始终将老年人安居乐业作为社区工作的核心任务，让习惯了农村生活的"老村民"逐渐走出对城区化管理的茫然，通过社区环境设施的改善、老年团队的建设、养老服务的提升，帮助老年人从"村民"逐渐向"居民"转变，更好地满足老年人在生活照料、社会交往、文化娱乐和精神慰藉等方面的需求，改善老年人的生活品质，打造养老服务特色，提升老年人的满意度和幸福感。在成功创建成为上海市老年友好型社区后，爱博五村也将不断围绕新虹街道"15分钟养老服务圈"建设，持续发力，不断提升社区养老服务水平，打造环境为老、服务为老、智慧为老的老年友好家园。

现在，社区面貌已经焕然一新，老人的社区生活品质也有了极大提升。在满足老年人基本的生理、安全和社交需求的基础上，社区将进一步改善基础设施、强化医疗健康、完善公共服务的全方位配套服务。随着"孝亲敬老"实践的进一步推进，社区将在为老服务项目打造上不断探寻创新发展之路，更好地推进老年友好社区的建设和发展。

（报送单位：闵行区新虹街道爱博五村社区）

专家评析

　　作为上海一个典型的新建农民动迁小区，爱博五村社区体量大、人员构成复杂。面对习惯了农村生活的新居民和文化水平有限的老年人，如何科学引导其改变各种生活习惯，成为社区管理中的一大难题。

　　社区管理者通过不断努力，以老年友好型社区建设为契机，依托街道各项政策资源，凝聚红色物业、智慧养老、社会组织、社区志愿者等多元化力量，着力打造了"吾爱五家—银龄家"品牌特色，让社区成为居民温馨的生活港湾，让老年人享受了各种便捷优质的服务，为老年人构建环境宜居、服务暖心、链接时代的"银龄幸福圈"，形成"孝亲敬老"的良好氛围。下一步，爱博五村社区要进一步提升养老服务水平，打造环境为老、服务为老、智慧为老综合为老服务体系，使小区成为更加贴心温馨的老年友好家园。

卢中南

上海复医老龄健康研究中心　常务副理事长

用心用情为老服务，构建
"五度"友好家园

    秦阳村地处上海市金山区张堰镇西部，区域面积达3.11平方公里，户籍人口2 064人，60周岁及以上老人有866人，约占本村户籍人口的42%；80周岁及以上高龄老人有143人，约占全村老年人总数的16.5%。2022年，秦阳村成功创建全国示范性老年友好型社区，并先后获得"上海市文明村""上海市卫生村""上海市农村社区建设试点示范村""上海市美好家园"等市级荣誉称号。

    居家养老、居家享老是老年人最期盼的生活。深怀敬老之心、倾注爱老之情、笃行为老之事，近年来张堰镇秦阳村干部团队践行党建护老、爱心为老，以改善居住环境、提升社区服务、创新为老服务模式等为抓手，高度重视老年人的生活和权益，积极打造管理有序、服务完善、环境优美、生活便利、配套齐全的老年友好型社区，不断增强服务软实力，提升老年人晚年生活"幸福底色"。

一、背景与动因

    随着人口老龄化的加速，催生了老龄人群居家养老服务的巨大需求。近年来，秦阳村两委班子成员分组经过充分的调研走访，了解到在农村地区较为传统的家庭养老模式中，普遍面临着独居老人被照顾不到、护理服务不足的问题。与此同时，居住环境的适老化改造与老龄服务的多样化也是秦阳村老年人群的迫切需求。

    秦阳村部分高龄老人由于多种因素单独居住，且大部分农村老人不重视慢病管理，生活质量因此而下降。为此，秦阳村聚焦当代老年人的核心需求，推动包括制度兜底、环境建设、医疗服务、文化休闲、社会氛围等在内的一揽子措施落地，致力于构建有高度、有深度、有温度、有广度、有力度的"五度"老年友好家园。健康舒适的宜居环境、智慧便捷的助老服务平台、完善便利的医疗设施、明亮宽敞的日间照料中心、多元出彩的为老服务，让老年群体享受到了医疗、养老、文化、娱乐等全方位的服务，真正实现了"老有所养、老有所依、老有所乐"，孝亲敬老已经成为秦阳的温馨底色。

二、举措与机制

在社区建设和老年人关怀方面，秦阳村的努力是永不停息的。秦阳村通过在管理保障、阵地建设、健康管理、休闲文化和社会参与等方面开展积极有效的工作，以营造温馨、安全、友爱的社区环境，让每位老年人都能享受到有尊严、快乐和幸福的老年生活。

（一）管理保障有高度，筑牢制度压舱石

1. 建立老龄工作专班

2018年，秦阳村成立村关爱老年人领导小组，专人负责老龄工作；2020年，成立老年人友好型社区创建工作小组，由村委书记牵头实施，老龄干部协调负责，积极发动社区志愿群体协助。整合上级老龄工作经费，在充分保证村级财力投入的基础上，通过结对共建等方式筹集慰问资金，确保老年友好型社区创建工作经费每年不少于20万元。

2. 构建长效体制机制

制订创建计划和方案，及时总结阶段性工作情况，综合施策。建立健全农村留守老年人信息台账，准确掌握农村留守老年人的数量规模、基本分布、健康状况等信息。在2022年疫情防控期间，秦阳村第一时间启动《秦阳村老年人防疫紧急预案》，聚焦老年人的刚性需求，及时发放保供物资，为老人代配药物并陪护留守老人就医，帮助老年朋友渡过此次难关。

（二）阵地建设有深度，打好环境组合拳

1. 绿色安全，在美丽乡村建设中打造"桃花源"

建成面积达1万平方米的村民公园，改建面积达2 000平方米的文化休闲广场，村庄绿化面积达300多亩。全村实现主干道硬化，主干道、住宅建筑出入口、老年活动场所照明设施全覆盖，河沟渠道清理护理持续推进。推动"适老性"住房改造、危房改造、生活设施改造，定期排查安全隐患。户厕改造、公共厕所设置便捷合理，自来水入户率达100%，生活垃圾日产日清，污水纳管户户通。

2. 精准便捷，在阵地建设中谋划为老"展示馆"

多措并举推进养老服务基础设施体系建设，打造了面积达1 120平方米的日间服务中心，包括室内设施（如棋牌室、阅览室、书画室、健身室）与室外场所（如健身点和小广场），设专职服务人员全天候服务。村内老年活动室使用面积达240平方米，空调、电视机、棋牌娱乐一应俱全，每天早上为喝早茶的老人提供早餐，帮助老人在乐中健身、学中养性。

（三）健康管理有温度，搭建卫健风景线

1. 关注老年人身体健康，定期开展免费检查咨询

建设老百姓家门口的医疗站，目前秦阳村60周岁及以上老人866人已全部签约，签约率达100%。每年面向全村范围内60周岁及以上老人开展老年人免费体检活动。与金山医院、亭林医院结对，定期开展各类义诊、咨询、讲座等服务，组织开展居家养老服务人员培训，提高社区养老健康服务品质。

2. 关注老年人心理健康，宣传疏导避免心理危机

与第三方服务机构众皈护理公司签订合同，为老人开展日常陪护、临终关怀等为老服务。接洽"福鑫宝"为老项目，由第三方对独居困难老人进行电话主动关爱、提供紧急救助服务。每周定期组织志愿者队伍探视困难老年人，通过微信公众号、微信网格群发布老年人防护小贴士、心理疏导教程等内容，帮助老年人预防和疏导的心理危机。

（四）乐享休闲有广度，树立文化风向标

1. 构建魅力舞台，文艺演出接地气

积极推动广场舞小队、木兰拳操队、文艺小分队等文体团队的成立，并给予资金、场地、设备的支持，鼓励老年文艺骨干自编自演节目，举办纳凉晚会、群众文化展示、重阳节活动、"I秦阳百事通课堂"等，为老人构建魅力展现舞台。

2. 满足文教需求，终身学习不掉队

举办老年人读书专场活动，鼓励老年人自主阅读、终身学习。组织老年人电脑、手机使用培训小课堂，以轻松活泼的方式宣传智能设备小知识。为每家每户安装无线网络，鼓励老人们通过网络接触休闲娱乐、健康养生、生命尊严等知识。

（五）营造氛围有力度，同心绘就夕阳红

1. 加强宣传，营造爱老敬老浓厚氛围

通过宣传栏、文化墙、板报和各类文艺演出，开展防诈骗、安全知识宣讲、树立积极老龄观等面向老年人的宣传教育。举办孝老敬老专题讲座，邀请居住在本村的全国最美家庭成员现身说法，帮助年轻人树立尊老敬老的观念。将敬老爱老纳入村规民约，发挥敬老文明先锋的榜样作用，组织评选"最美家庭"。

2. 加强自治，提高老年人社会参与感

动员老同志担任"三支队伍"、村域治理评议会成员，保障老年人作为村民代表的各项权利，帮助经济困难老人获取保洁员等工作机会，满足老年人的社会参与需求。专题研究制定《秦阳村爱老助老、帮困助困实施意见》，将关爱服务纳入村规民约，以鼓励邻里乡亲为留守老年人提供互助。

三、创新与成效

当谈到美丽乡村的建设与老年人关怀时，我们认为其真正的内涵不仅仅是对环境和设施的改善，更是对社区精神和服务体系的提升。以下是秦阳村在人居环境、老年教育和智慧助老等方面开展的创新工作，旨在让美丽乡村焕发新生，让老年人享受到更多的关爱和支持。

（一）人居环境焕然一新，美丽乡村"破茧成蝶"

1. 村域治理评议会成就"老有所为"

2020年，秦阳村区级美丽乡村创建工作正式拉开序幕，为使创建工作顺利进行并且取得圆满结果，秦阳村村域治理评议会在多位德高望重的老同志的支持下应运而生，助力创建工作。村域治理评议会由顾亚忠（65岁）、俞士良（74岁）、侯士范（76岁）、俞雪龙（72岁）、陆永芳（72岁）、俞仁良（70岁）组成。他们都是镇、村退休的老领导，有着良好的群众基础，闲暇之余参与村级事务治理，发挥余热，不仅攻克了美丽乡村建设工作中的难点，更为秦阳村村域社会治理作出了突出贡献，多次被学习强国、东方网等媒体报道，是"老有所为"的典型代表。

图1　村域治理评议会成员制定"美丽乡村积分制责任清单"

2. "口袋公园"推进老有所乐

为让老年人能够推窗见景、出门入园，秦阳村在隆兴片、窑埭片、秦阳片宅基埭上，以绣花功夫打造了3处极具特色的"口袋公园"，人行步道平坦宽敞，花卉与灌木错落有致，老人们常在这里休憩喝茶。口袋公园为配置了各类健身器材，以填补宅基埭上的功能空缺，室外漫步机、

（a）　　　　　　　　　　　　　　（b）

（c）

图2　打造口袋公园美化社区环境

扭腰机、平步机、太极轮、肋木架、牵引器等设施一应俱全，老年人的健身房应运而生。公园内合理设计宣传栏和宣传板，广泛宣传敬老爱老等内容。如今，口袋公园建成后不但美化了农村环境，更进一步提升了老人们的生活品质。

（二）老有所学添资增彩，智慧助老慧心共享

1. 邻里课堂促教育

依托百事通课堂、微信公众号、美丽乡村积分考核平台等网络宣传阵地，不定期开展老年人安全知识讲座、老年人防诈骗知识与技巧宣传教育以及网络测评。用好村域内党群服务阵地，整合上级资源配送，打造邻里课堂，以"请进来+走出去"相结合的形式，进一步拓展教学内容和方式，全面丰富老年人的学习生活。如在七一前夕，组织老党员老干部外出参观学习一大会址、水库村；深入普及《中华人民共和国老年人权益保障法》《中华人民共和国民法典》，切实维护老年人合法权益；定期邀请镇社区党校兼职教师、村域内老干部上宅基党课，推进主题教育全覆盖。通过俞大姐调解室、法律服务点和宅基议事堂等渠道为老年人提供法律咨询服务，调解纠纷。

2. 宽带上网全覆盖

紧贴村民需求，为老人安装互动电视并开通视频点播回看功能，并开通50M有线宽带，实现无线上网；在电视平台上融入了固定观看板块，板块内容包括紧急情况的处理、健康知识的普及，让老人在娱乐的同时还能掌握生活小常识。

（三）特色项目多元便民，为老服务精准触达

1. "爱与陪伴"让夕阳更暖

秦阳村与第三方服务机构众皈护理签订服务，定期去老人家中陪他们唠家常，开展心理咨询服务。除了空巢及独居老人，秦阳村针对残疾及贫困户等弱势群体也进行了一对一心理辅导及疏导，帮助其解决一些生活问题。在原有服务的基础上，进一步拓展了临终关爱项目。

本着"用爱的力量去陪伴老人"的服务宗旨,志愿者们坚持日复一日行走在"爱与陪伴"的路上,及时把党和政府的关爱和温暖送到老年人的家中、心坎里。近年来,秦阳村"爱与陪伴"关爱项目共出动志愿者2 500人次,陪伴居家困难老人、临终老人160多人次。该项目的顺利实施受到了老人们的欢迎、家属的认可和社会的肯定。

2."心连心"为老助医让夕阳省心

积极联系对接由张堰镇10名退休乡村医生组成的"心连心"助医队,为秦阳村90岁以上老年人提供基本的上门医疗服务,指导老年人掌握必要的保健知识,提升其生活质量。通过对全村90岁以上高龄老人的身体状况进行排摸,让志愿者们初步掌握服务区域内高龄老人的基础信息,并进行分组,坚持每月上门服务2次,以及时掌握其慢性病控制情况,指导其正确用药,提高他们的生活质量。多年来,助医队志愿者发扬"货郎"精神,坚持上门为高龄老人开展服务,在控制老人慢性病方面发挥了积极作用,补齐了短板。

四、启示与展望

老年群体健康与否、晚年生活幸福与否,事关整个社会和国家的发展水平和幸福指数。社区作为搭建社会健康管理服务体系的重要载体,在健全多层次社会保障体系、全面推进健康中国建设、加强和创新社会治理等方面具有关键意义。

(一) 美丽宜居的社区环境是老年友好型社区的基础保障

社区是老年人生活的场所,与老年人的关系最直接,也最密切。老年友好型社区须改善老年人居住环境,帮助老年人消除安全隐患,降低老年人的生活风险;方便老年人日常出行,开展住宅和社区公共基础设施无障碍改造,保证步行道路平整安全,社区道路人车分离。"这两年,村里的道路变宽了,也变平整了,车辆停放更有序,还增加了不少无障碍设施,花花草草也有专人管理,老年人活动的安全性和便利性都得到了提升。"一位村民如是说。秦阳村"以老年人为本"，营造了舒适宜居的居住氛围，构建了安全舒适的老年友好空间。

（二）优质便捷的健康资源是老年友好型社区的重要标志

让辖区老年人在家门口就能享受到"老有所医"的服务，有利于提升老年健康服务的连续性、灵活性和便捷性。同时，提升健康养老服务质量和管理效率，满足老年人全面性、持续化和个性化的社区居家养老需求。秦阳村与张堰镇社区卫生服务中心签订服务协议，为辖区老年人改善就医体验，提供优质、便捷的健康医疗服务，着力为辖区的老年群体提供更好的公共卫生保障。

（三）创新贴心的养老服务是老年友好型社区的有力举措

完善社区服务、扩大社会参与、丰富精神文化生活，老年人切身感受到生活的便捷舒适、服务的无处不在。为了将养老保障网越织越密，秦阳村结合新时代文明实践工作，组建多支志愿服务队，开展入户走访、志愿帮扶，为空巢、独居老人过生日，送上关心关爱，帮助老年群体排忧解难，营造舒心、温馨的老年生活氛围。发动更多的老年群体参与村域治理，招募老年志愿者，成立多支以老年志愿者为主的志愿服务团队，涵盖理论宣讲、未成年思想道德建设、文化体育、环境卫生等各个方面，鼓励老年志愿者积极参与社区志愿服务。"随着社会养老服务需求逐渐多样化，未来我们还会精心策划多元化、个性化、专业化服务，促进老年社会交往，提升老年社会资本，助力老年人实现社会价值。"村党总支书记、主任俞佳伟介绍道。

下阶段，张堰镇秦阳村将在上级相关部门的领导下，继续深化老年人友好型社区建设，努力创新为老服务机制，共同为老年群体美好生活提供全方位服务，为构建和谐的老年人示范性友好型社区而努力奋斗。

（报送单位：金山区张堰镇秦阳村）

专家评析

　　张堰镇秦阳村践行党建护老、爱心为老,高度重视老年人的生活和权益,全面推进"15分钟社区生活圈",通过智慧赋能、阵地打造、资源下沉等方式,充分发挥村党组织示范带动作用,广泛动员社会力量,整合多方资源,推动社区治理、环境建设、医疗服务、文化休闲等一揽子措施落地。积极打造管理有序、服务完善、环境优美、生活便利、配套齐全的老年友好型社区,不断提升服务软实力,绘就老年人晚年生活"幸福底色"。

　　未来,秦阳村要发挥全国示范性老年友好型社区的引领作用,努力创新为老服务机制,从品牌建设、多方参与、人文关怀、服务效率、智慧助老等多方面,探索"不离乡土、不离乡邻、不离乡音、不离乡情"新型村域养老模式,共创共享"老有所养、老有所医、老有所乐、老有所安"的幸福银龄生活。

罗　津
上海交通大学健康长三角研究院　院长助理、副研究员

创新"五分工作法"，编织
"银龄幸福网"

  香港丽园社区位于上海市虹口区嘉兴路街道东南部，社区占地面积约为3.47万平方米，是典型的商品房小区。截至2023年10月，社区常住居民有1 384户，常住人口有3 858人。60岁以上老年人口有1 223人，约占常住人口的31.7%，其中80岁以上老年人口有153人，约占60岁以上老年人口的12.5%，老龄化程度比较突出。近年来，在街道党工委、办事处的领导下，香港丽园社区工作队伍始终紧扣"老年友好"这一关键词，开阔视野，科学地算好"加法"与"减法"，大幅提升小区整体环境舒适度，切实提高社区老年居民生活便捷度，持续壮大社区老年志愿者服务团队，尝试探索科技助老新思路，社区内敬老爱老氛围日益浓厚，老年好友氛围进一步彰显。

一、背景与动因

  作为典型的市中心商品房小区，香港丽园社区尽管老龄化程度比较高，但总体生活便利、配套设施完备，"15分钟社区生活服务圈"内既有老年人喜爱的新时代文明实践分中心（居委活动室）、市民驿站、社区文化活动中心等文化场馆，也有社区综合为老服务分中心、日间照护中心、社区卫生服务中心、社区长者食堂等服务设施，小区毗邻上滨生活广场、瑞虹天地等大型商圈，为老年人提供了便捷舒适的生活环境。社区居委在打造老年友好型社区的过程中，主动适应"人民城市"发展特点，坚持将"服务人、关心人、凝聚人、提高人"的为民情怀贯穿老年友好型社区建设全过程，特别是将"老年人是否满意、是否受益"作为标准导向倒逼"民心服务"提档升级。近年来，随着小区老龄人口比例不断上升、设施陈旧老化等客观问题的涌现，老龄人口对居住环境、养老服务、精神文化等诸多方面的需求也不断提升，亟待社区居委充分发挥基层党组织战斗堡垒作用，努力打造安心、舒心、贴心、知心、暖心、省心的老年友好型社区。

为满足老年人日益增长的美好生活需求，社区链接周边资源成立"康邻坊"医疗服务团队，为社区老年人提供义诊、讲座、中医理疗、颈椎按摩等康养服务，已累计开展服务活动30余场；社区"金牌养老顾问"为老服务团队，关爱社区独居、失能、重残老人，让这些老人感受到来自社区的温暖；邀请老人参与社区自治，创建楼组及社区品牌特色。通过民主协商、凡人美事投稿、"我为小区献一计"、楼组议事厅等多种方式收集群众"金点子"，将群众的"金点子"汇聚成社区治理创新的"智慧源"，打造和谐温暖的老年友好型社区。2022年，香港丽园社区获评"上海市老年友好型社区"。

二、举措与机制

老年友好型社区的建设和服务是一个涉及多方面、多层级的复杂挑战，需要社区各方持续关注和共同努力。香港丽园社区在针对社区老龄人口的服务方面所采取的一系列措施，旨在让社区的老年人得到更好的关爱和支持，让他们在温馨和谐的环境中享受晚年生活。

（一）"爱在丽园"亲情服务助老卡

随着数字化时代的到来，老年人若不会通过手机叫车，出行将变得极为不便。在老年友好型社区创建中，香港丽园社区干部萌生了给老人，特别是孤老、独居、纯老家庭的老人制作一张爱心便民服务卡的念头。这张爱心便民服务卡充分考虑老人的使用习惯，从颜色、字体的选择到排版全部由居委完成。截至2023年12月底，已向社区60岁以上老人特别是孤老、独居及有需要的人群发放1 300余张。

图1　爱心便民服务卡

图2　为独居老人佩戴"爱心便民服务卡"

在"爱心卡"上，有社区老人常用的出租车公司的电话、水电气、电视网络报修电话及居委会、物业联系电话，方便老人在有需求时能及时找到联系方式。为预防老人单独外出迷路走失，社区及老人家人均让老人随身携带此卡，万一发生特殊状况，社会爱心人士便可以根据卡面上居委的电话进行联系，帮助老人安全回家。小小的便民卡承载了社区所有工作人员对老人们的关爱。

（二）"康邻坊"康复医疗服务

为建立老年友好型社区，香港丽园社区通过链接周边资源成立"康邻坊"医疗服务团队，为社区老年人提供康养服务。一是建立"康邻坊"服务品牌。通过健康干预手段，借助健康管理系统，运用现代化管理手段管理社区老年居民的健康状况。二是采取健康评估及健康档案管理相结合的服务形式。以评估为手段，以档案为服务依据，通过老年居民健康数据积累，形成健康大数据库，为社区老年居民提供健康数据。三是以寓教于乐的形式开展社区老年医养活动。通过健康讲座、名医问诊等形式，在老年居民中传导健康理念。服务项目自创立以来，已为社区老人提供义诊、讲座、中医理疗、颈椎按摩、耳穴保健、夏日三伏贴等服务。

图3　"康邻坊"医疗服务团队为老人提供义诊、讲座服务

 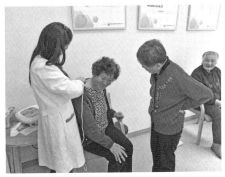

（a）　　　　　　　　　　　（b）

图4　"康邻坊"为老人提供耳穴保健、理疗服务

（a）   （b）

图5   "康邻坊"举办认知症分享会和社区健步走活动

（三）"金牌养老顾问"为老服务团队

香港丽园社区老龄专职干部张秀珠，自2017年7月起便在香港丽园社区从事老龄工作。多年来，通过街道的培养和社区的历练，张秀珠在2020年荣获上海市"金牌养老顾问"称号。张秀珠在多年的为老服务工作中，不断总结工作经验和方法，在社区内组建起一支"金牌养老顾问"为老服务团队。通过为包括社区独居、失能、重残等在内的老年人群提供服务，让他们重新感受到来自身边人的关爱和温暖。通过读报读书、节日慰问、佳节送礼，服务团队为整个社区的老人送去了温暖和爱意。香港丽园社区在张秀珠个人及"金牌养老顾问"为老服务团队的努力下，敬老爱老氛围进一步提升。

（a）   （b）   （c）

图6   金牌养老顾问张秀珠及团队爱心助老活动

（四）"身边卫士"——独居老人智能监护系统

在既有的老伙伴结对、一键通救助等平台服务措施的支持下，香港丽园社区已经在社区高龄、独居、孤老及行动不便等居民家中加装相关智能设备，如加装跌倒侦测、带有生命体征监测功能的智能床垫、手环、烟感报警等设施设备，这些设备能主动监测到老人跌倒、久坐和久卧等身体异常情况，并将相关紧急情况报警至紧急联系人手机端及居委后台，最大限度地避免老人居家意外情况的发生，为创建老年友好型社区锦上添花。

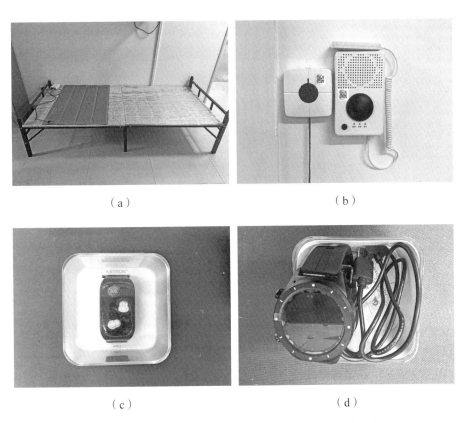

（a）　　　　　　　　　　（b）

（c）　　　　　　　　　　（d）

图7　跌倒检测报警、智能监测床垫、智慧手环及手表设备

在社区内建立和优化数字化赋能平台，同时将特殊群体的子女、亲朋作为"第一主体"监护人，将社区干部、物业人员、社区楼组志愿力

量、网格长及第三方机构服务人员等作为"友情服务"人员，通过自愿申请、有偿服务、愿接尽接等方式，建立一套数字化智能监测系统。除直接联通这类群体的第一监护人之外，并联到由居委会、业委会和物业企业联合建立的"三委联动"服务平台，可以让社区相关工作人员能够及时掌握这类群体的实时动向并及时实施救援。

（a）

（b）

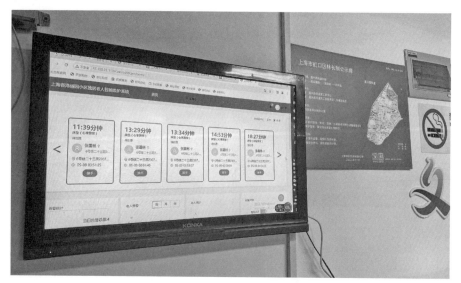

（c）

图8　独居老人智能监护系统

这套系统还可以设置一键报警、一键呼叫"120"等功能,通过由第一监护人发挥主体责任,社区及其他人员发挥友情救助功能,相对提升社区"最后10米"的安全保障功能。

(五)"睦邻友好"绿色生态乐园

社区党总支利用社区绿地,结合社区微治理,引领社区老年居民共同参与、打造属于自己的"睦邻友好"绿色生态乐园,亲手呵护家园中的绿洲。在绿色生态园的建设过程中,老年居民之间有了进一步交流,友好关系进一步增强,小区环境品质不断提升,为全面推动老年友好社区创建工作添砖加瓦。项目落地后,种植成果将捐赠给社区独居、高龄老人及计划生育特殊家庭。

（a）改造前　　　　　　　　　（b）改造后

图9　绿色生态园改造前后对比

(六)"五分工作法"创新社区治理模式

针对老年友好型社区打造工作,居委始终坚持群策群力,实行了"五分工作法",进一步强班子、建队伍、抓服务。

一是分类。根据各楼组骨干和居民的特点,加强分类服务。如三号楼、六号楼的独居老人较多,需要多开展助老爱老活动;通过积极发动小区里的青年志愿者,成立了青年骨干为老服务小组。

二是分领。全面设立"3+X"社区治理服务模式。在"三驾马车"之外成立由楼组骨干和热心居民代表组成的设备运维组、民意顾问组、财务稽核组、秩序管理组、文体风尚组、应急志愿组6个功能型工作小组，特别邀请10多位老年人代表参与各工作小组的日常管理，切实抓好末端落实。

三是分享。全面贯彻落实"人民城市人民建，人民城市为人民"的重要理念，遵循"人人参与、人人享有"的社区建设整体布局，开展广泛的民主协商，特别是让社区里的老年人参与社区治理，充分发挥余热。

四是分担。让包括有经验的老年人在内的居民主动分担社区治理的责任，让大家既有权利又有责任感。

五是分创。充分依靠群众，相信群众。运用群众智慧，创建楼组及社区品牌特色。通过民主协商、凡人美事投稿、"我为小区献一计"、楼组议事厅等多种方式，将群众的"金点子"汇聚成社区治理创新的"智慧源"。

三、创新与成效

一是老年居民通过参与打造属于自己的绿色睦邻生态乐园，增进了邻里联系，丰富了亲子生活，缓和了代际关系，这一做法得到居民的一致好评。

二是自亲情服务卡发放以来，已有8位社区老年居民通过亲情服务卡顺利返回家中，也有老年居民的子女反映，有了亲情服务卡之后，老年人不再频繁联系子女帮忙拨打报修电话、呼叫出租车等。亲情服务卡的发放，既为老年居民提供了方便，也在不同程度上为老人的子女缓解了后顾之忧。

三是自社区干部张秀珠获得上海市金牌养老顾问以来，通过媒体的宣传，许多老年居民慕名而来，有些是需要解决自身的养老问题，有些是积极加入张秀珠的老年志愿服务团队自愿分享资源发挥余热。服务团队通过定期上门探访，及时了解老人身心变化，并就老人生活上的困难给予及时的帮助，如代配药、代买菜、指导老人使用智能手机、帮助老人打扫卫生等,针对社区特殊老人,切实做到"白天见人,晚上见灯,有需必办",有效营造了社区养老、乐老氛围。

四是通过设立"康邻坊"提供康复医疗服务,香港丽园社区每日在老年活动室提供心理咨询、身体理疗等服务。社区通过认知障碍友好社区项目小组结对子的方式,为有认知障碍的老人开展早期筛查、早期干预、社区预防、家庭支持、资源链接和平台建设等服务,建立了可持续性的认知障碍支持体系,有效打造了社区认知障碍全链条服务。

五是随着人口老龄化程度的日益加剧,香港丽园社区重视科技赋能,通过积极推动"互联网+养老"落地,为社区内高龄、独居老人及时安装跌倒侦测、烟感报警和智能床垫等设备,有效弥补社区"人防"的不足,从"硬件"上较大程度地保障了特殊群体"居家十米"内的人身安全。

社区居民的所急所需所盼,就是居民区工作人员的所系所担所办。香港丽园社区结合居民实际,通过"党建引领、活动筑基、服务为本",不断深化民生服务管理,充分调动各方力量参与社区为老服务工作的积极性,有效推进了社区治理现代化,使社区老年人的生活环境得到较大改善、各类需求得到较大满足。

四、启示与展望

目前,香港丽园社区在创建老年友好型社区的工作中取得了一些成绩,但仍有进步的空间。今后,香港丽园社区将继续整合各项资源并转化为个性化服务,有效地为老年居民提供法、医、乐、学等一系列服务。

(一)制作香港丽园周边为老服务网点手绘地图

在"爱在丽园"亲情服务助老卡的基础上,结合社区周边"15分钟社区生活服务圈"设施,将新时代文明实践分中心(居委活动室)、市民驿站、社区文化活动中心、社区综合为老服务分中心、日间照护中心、社区卫生服务中心、社区长者食堂等社区服务设施,公交站点、地铁站点、超市、菜市场等生活需求网点，以及毗邻的上滨生活广场、瑞虹天地等大型商圈信息，绘制成简易地图，发放给有需要的社区老年居民。

（二）开展高质量老年活动，丰富老年居民生活

在既有的传统活动的基础上，开展适宜老年人的体育活动，如广场舞，棋牌、朗诵等小规模竞赛。深挖老年居民需求，开展"骨质疏松防治""遗产遗嘱法律普及""宠物义诊""三助（助浴、助医、助行）服务"等活动，切实做到为老年居民提供康乐性、知识性、思想性相结合的活动。

（三）继续推进科技助老服务

自2022年以来，社区干部愈发认识到科技养老、互联网养老的重要性。但在为社区老人安装智能报警设备的过程中，由于一些设备需要老人自费购买，因而有部分老人持观望态度。对此，社区将继续推进该项工作，加大宣传力度，让更多老年居民感受到科技发展带来的红利，带动更多的社会力量参与"最后10米"的服务。

（报送单位：虹口区嘉兴路街道香港丽园社区）

专家评析

香港丽园社区紧紧围绕"人民城市人民建，人民城市为人民"的发展思想，围绕社区老龄化的实际，大力推进"助老服务"民生工程。以市民驿站、综合为老服务中心、社区长者食堂、社区卫生服务中心、专业养老机构等为主体，进一步扩大社区养老、医疗、助餐等服务覆盖面，持续提升人居环境、为老服务、文化生活、智慧养老的能级，努力打造老年人家门口最便利可及、集约开放、适老友好的枢纽阵地，进一步提升老年人的获得感、幸福感、安全感。此外，社区还致力于打造以养老顾问、"老伙伴"志愿者等组成的社区为老服务网络，让老年人充分参与社区管理和志愿服务；通过"党建引领、活动筑基、服务为本"，不断深化民生服务管理，充分调动各方力量参与社区为老服务工作的积极性，有效提高了社区治理现代化的水平，具有较强的实践指导意义和示范作用。

罗　津

上海交通大学健康长三角研究院　院长助理、副研究员

从"老有所养"到"老有颐养"：
共建共享美好生活

绿八居民区位于长宁区新泾镇，西临大虹桥，下辖淞虹公寓和协和家园（南、北）3个自然小区，为商品房、动迁房、公租房混合型社区。辖区总户数2 331户，常住人口总规模在6 000人左右，60岁以上户籍老年人口有1 346人，占户籍总人口的32.38%。居民区环境优美宜居，拥有老人可休憩、儿童可玩耍、学生可研学、青年可探索的生境花园；养老服务资源禀赋丰厚，拥有长宁区体量最大的西郊协和颐养院，集助餐、日托、医养融合于一体的"乐松长者驿站"，长宁区离退休干部休养所，认知症家庭支持中心等；医疗资源多元，毗邻长宁区精神卫生中心、文阳护理院、新泾镇社区卫生服务中心以及神州医院等专业机构。

近年来，绿八居民区坚持党建引领，依托居民区党总支在册党员174人，以党建带动社建，充分挖掘社区党员能人骨干资源推行群众自治，凝聚"四位一体"参与社区共治，吸引居民群众主动参与家园治理，创建以"家园同心树"为特色的家园治理品牌。"同心树"以党总支为"树根"，通过"同心树家园理事会"机制，凝心聚力，深植于社区沃土中，以居民区两委班子为"树干"，支撑起社区共治。

一、背景与动因

新泾镇作为长宁区唯一的镇，与中心城区其他老社区相比存在明显差异。新泾镇在2010年之前很多区域还是农村形态，直到2010年左右整个区域才开始推进城市化，并在近几年将工作重心向社区和公共服务逐步转移,因此,在老龄健康工作和养老设施布局上仍存在一些短板和不足。以绿园新村第八居民区为例,该社区的人口结构与其他中心城区相比有较大区别,一部分是土生土长的农村人口和本地早期开发的动迁小区居民,他们往往与子女同住,其养老更多还是依赖家庭支持,对于社区的养老服务需求目前还没有凸显出来;另一部分是导入型人口,以中心城区动迁安置人口为主,这部分老年人对于社区公共服务、医疗文化等方面的需求明显比本地农民的需求更高。

针对绿八居民区这两类主要的老龄人群的具体需求,同时为积极应对社区众多历史遗留问题和"停车管理难、宠物管理难、老人爬楼难"这些基层普遍存在的内部治理矛盾,只有将内外部资源整合利用起来才是真正的破局之道。

从2018年起,在参与全区居家和社区养老服务改革中,新泾镇政府特别拨划专项老化改造资金,在绿八居民区辖区内的"淞虹公寓"建造"老少同乐坊",并设置了一些适老化的健身器材;打造"乐松长者驿站",老年人可在此享用一些简单的医疗咨询和日常的康复服务。与此同时,市民政、卫健委等相关部门也在绿八居民区陆续推出很多围绕老年人服务类的指导和支持项目,同时还结合认知障碍友好社区建设引入"尽美"等专业社会组织,举办认知症健康指导师和护老者技能培训,开展日常宣教、老年沙龙、照护技巧指导等活动。

与此同时,社区内部治理同样需要居委会干部充分发挥主观能动性,如何让一个提案得到社区居民的呼应?怎样充分挖掘社区里的各种能人和资源?如何将他们请出来、用起来?居委会的带头作用是关键。内引外联、整合资源、推倒围墙、辐射周边,绿八居委努力践行社区基层精细化治理的方法和手段,几年来绘就了解决民生问题的"绿八十景图"民生画卷和温润社区群众的"人文六脉"精神家园;挖掘能人贤达组建"我爱我家守护组""绿屋志愿者团队""乐伯摄影沙龙""第五空间乐活秀"等各类团队。其中，"空中花园"的打造荣膺2020年第三届中国（上海）社会治理创新实践提名案例。

二、举措与机制

绿八居民区在镇党委、政府坚强领导下，围绕老年友好型社区创建，以"家园同心树"为党建品牌，以"同心树家园理事会"为载体引领家园共治，深度挖掘社区中的贤达能人，组建了一批以"金色护航集结号"为服务端的自治公益团队，以人为本、尊老乐帮，不断帮助老年人重塑社会价值，提升老年人的获得感和效能感。

（一）党建引领、和谐共融，形成人文友好的同心树家园共治体

绿八居民区坚持将健康老龄化和积极老龄化相结合，鼓励老人走出家门，融入社区。绿八虹馨党员帮困组、淞虹晚晴茶座、爱心编织组等多支自治团队均设立党建指导员制度，凝聚社区党群骨干共同参与，团队成员多为退休群体中年富力强的"小老人"。虹馨党员帮困组是一支以老支委为主的自治团队。多年来，他们管理党员捐款，在国家医保之外拾遗补阙，先后帮助了30余位老年患病居民；淞虹晚晴茶座由退休教师朱仁芳组建，这个老奶奶团队成立数年来，不仅让老人们有了话家常的固定点位，更是通过沟通交流化解了多起邻里矛盾纠纷，俨然成为社区的"老娘舅工作室"；爱心编织组每年赶制绒线帽、绒线围巾和绒线手套，将"温暖三宝"不断送到社区和敬老院、干休所的老人手中，这些带着温度的"温暖三宝"感动了无数老人。

每年小年夜，绿八居委会为独居、困难老人们张罗一桌年夜饭，每道菜均由社区中的厨艺高手专烧特制，特别符合老年人的口味，可谓"百家宴"。这一延续多年的传统也为老人们带去了家的温暖，让他们感受到了浓厚的年味，也让整个社区充满人情味儿。老干部赵吉人、汪义英夫妇有感于此，先后捐赠2万元作为专项基金，这项基金也由此取两人名字中的各一字命名为"人义基金"。

图1　绿八居民区为独居、困难老人张罗年夜饭

（二）社会参与、多维赋能，汇聚服务友好的尊老爱老"磁力场"

在老年友好型社区建设中，居民区注重推进"嵌入式"养老服务模式，依托夕悦、尽美、安康通、申养等10多家为老服务社会组织的专业性，发挥"爱心敬老联盟"的资源优势，多层次、多需求、多方位提升养老服务能级。开启政务服务直通车，在小区设立社区事务受理中心绿八延伸点，拓展老人"一网通办"服务项目；深化"一站式"养老服务，家门口"乐松"长者驿站（认知症家庭支持中心）为社区老人提供助餐、日托、认知障碍干预等服务；推进"数字化社区建设"，在智慧出行、智慧健康管理、智慧安防等方面，进一步提升为老服务能级。

绿八居民区注重整合周边社区单位的资源，互联互通、共建共享。在与长宁区离退休军休所共建的过程中，居民区代表每年寒暑假都会带领青少年前往干休所参访，传承红色基因，聆听南京路上好八连的红色经典，听"两弹一星"功勋讲述峥嵘岁月。干休所每年春秋时节还会组织近30位专家走进社区，这些专家均来自长征医院、长海医院等沪上知名医院，累计为社区老人开展数千次免费问诊服务。一年一度走进社区、贴近群众的惠民举措，获得了社区老人的一致好评。

图2　长宁区离退休军休所医疗服务进社区

绿八打破围墙，共建联建，开展"党辉映余晖·助老踏青行"主题活动，已经成为其与协和颐养院共建的特色品牌项目之一。居民区选配社区小老人以2∶1的方式帮扶敬老院高龄老人外出踏青，感受自然，共享社会发展成果，既丰富了老人的精神文化生活，也让长者们的养老生活能够过得多姿多彩，进一步弘扬了尊老、爱老、敬老、助老的传统美德，营造关爱老人身心健康的浓厚氛围，更让老人们感受到来自绿八居民区的温暖与情意。而这个"每年春天的约定"活动已经坚持了8年。

每逢新年，居民区还会组织各种文艺团队前往敬老院举行新春音乐会为老人们奉上一场场视听盛宴。

图3　绿八居民区与协和颐养院共同举办助老踏青行活动

2020年的重阳节，由黄祖德老师领衔的社区公益团队"乐伯摄影沙龙"为小区的120对金婚老人，以及年满80周岁的老人拍摄纪念照，并制作金色纪念相框，由居委在重阳节送到每位老人手中。在区民政局、区退役军人局、镇党委、镇政府，以及区婚姻登记中心的全力支持下，绿八居委还在绿八空中花园举办了一场盛大的"2020爱你爱妳金婚盛典"。老人们身着婚纱礼服、秀步红毯T台，合力开启香槟、共享金婚蛋糕，在空中花园留下了的美好记忆。

2022年，上海疫情防控形势严峻，绿八居委在全力做好抗疫工作的同时，加强对老年群体的关心呵护，居委关爱电话、楼组邻里上门、政府爱心礼包、爱心人士捐赠、志愿团队配药等措施全面跟进，在特殊时刻，让老人体验到"封楼不封心，在家更安心"和"绿八有情，邻里有爱"的别样感受。

图4　在社区空中花园举办"2020爱你爱妳金婚盛典"

三、创新与成效

绿八居民区积极寻求政府支持，在小区设立镇社区事务受理中心绿八延伸点老年人服务项目；为家门口的"乐松"老年人日间照料中心提供地下管线和电力配套设施；利用家门口工程，在协和家园为老年人增加休闲座椅；在协和家园全覆盖安装"梯控"设施中增加"老年防跌倒"监测模块；在公益广场设计改造中增加老龄元素，增加助老电子查询系统等；关爱长者，携手"申程"，"一键叫车"无忧出行。协和家园因此荣获"长宁区新基建十大示范小区"称号。

（一）聚焦需求，为社区老人画出七彩"长者记忆线"

自2021年以来，绿八居民区党总支借力"一街一品"东风，继续以老人友好社区创建为抓手，着力推进为老服务设施与项目：向政府、企业筹资近300万元，对小区原本坑洼不平的道路进行全面改扩建，为老

图5　绿八居民区七彩"长者记忆线"

人建成家门的幸福大道,并为幸福大道画上七彩"长者记忆线"。耄耋之年的老干部赵吉人,在没修路之前总是跑错楼道,误把隔壁相仿的楼栋当成是自家的楼。自从有了"长者记忆线"之后,老赵沿着深蓝色的线路回家,再也没有迷过路。这条"记忆线"现在更是成为小区老年朋友走亲访友的最美"提示线"。

（二）集智共建"乐健阳光岛",老人晒背有去处

协和家园小区都是小高层建筑,日照资源稀缺,让晒惯太阳的动迁居民很不适应,不少老人不自觉地搬来家中椅子坐在一处阳光充裕的道路拐角处,既不安全也影响小区内行车效率。绿八居民区在上海市老龄事业发展促进中心和上海交通大学健康长三角研究院的鼎力资助下,通过全过程人民民主协商,在阳光最充裕的安全区域修建起一座可容纳10余人共同"晒背"的"乐健阳光岛"。

图6　"乐健阳光岛"效果图

（三）内外联动打造老年友好型社区健康支持性环境样板社区

绿八居民区内面积达732平方米的乐颐生境花园是目前上海最大的社区生境花园，也是修复城市生态、协调人与自然和谐的社区示范点位。2020年，乐颐生境花园以"会呼吸的城市社区生态系统"荣膺"联合国生物多样性全球案例100+"。白鹭翔翔、鱼翔浅底、蝶飞凤舞的生境花园，使社区老人不出家门就能亲近自然、感受自然。乐颐生境花园在建设之中努力做到的"高颜值"与"适老化"兼备，被评为上海市"家门口好去处"。

绿八居民区在建设"绿八十景图"和"人文六脉"的宜居家园过程中，坚持将老年友好型社区创建贯穿始终，"绿八十景图"中的"老少同乐坊"就是根据绿八社区老年人的生活需求量身定制的。辖区内淞虹公寓因建设较早，缺少老年活动场地，趁着2018年上海开展全国居家和社区养老服务改革试点，匹配适老性改造专项经费40万元，党组织抓住这一契机，利用一块黄土裸露的旧场地，将其改造为老少同乐坊广场。广场上安装了多套老人健身器材，搭建了优美的圆弧形膜结构，并建设

图7　上海目前最大的社区级生境花园——乐颐生境花园

了海绵城市透水地面以及供社区居民茶聚赏花的春暖花房、古色古香的中式凉亭和锦鲤鱼池。同时，重排了整个区域的夜间照明系统，并设计了一座象征老中青三代人的"老少同乐"建筑小品。如今，这里四季花开、美景宜人，已成为老人们聚会、交流、散步的慢生活广场，成为"绿八十景图"的点睛之作。

四、启示与展望

2022年，绿八居民区荣膺全国老年友好型示范社区称号。2023年，绿八居民区联合上海市老龄事业发展促进中心、上海交通大学健康长三角研究院针对老年友好型社区健康支持性环境的营造做了多项深入研究，并作为主场连续举办了多场"社区健康社会工作者赋能培训"，同时挂牌成立了上海友好社区整合型健康支持性环境、健康上海行动专项项目实践基地，持续深化老年友好型社区创建长效机制，不断弘扬更加乐善的爱老、敬老、助老、尊老的社区风尚，切实增强老年人的获得感、幸福感和安全感。有了上级的持续关心和群众的不断支持，有了"家园同心树"的和衷共济与活动载体的主流引领，绿八居民区一定能形成全体党群齐抓共管、帮扶老年群体的和谐社区氛围，进一步打造老年友好型社区的全国示范样板。

（报送单位：长宁区新泾镇绿园新村第八居民区）

专家评析

　　长宁区新泾镇绿八居民区围绕老年友好型社区的创建，以"家园同心树"为党建品牌，以"同心树家园理事会"为载体引领家园共治，深度挖掘社区中的贤达能人，真正做到以人为本，不断帮助老年人重塑社会价值，真正提升老年人的获得感和效能感。此外，通过提升居民主观能动性，促使居民主动参与老年友好型社区健康支持性环境的营造。我们在过往的研究中发现，社区基层治理的困境往往在于共建共享机制的缺乏。绿八居委在社区工作中已初步形成了一些具有制度化、标准化和指导性的成果，这对整个区域各个社区公共服务方面的工作提升都具有非常重要的价值和意义。未来，建议绿八居民区将其在社区基层共治、多元主体参与赋能等方面的经验及具体实践案例进行总结提炼，在上海乃至全国范围内宣传推广，让更多社区在打造老年友好型社区的过程中能够充分发挥社区内外部多元主体的作用，真正以老年人需求为导向，切实解决社区老年人的急难愁盼问题。

罗 津

上海交通大学健康长三角研究院　院长助理、副研究员

科技助老篇

智慧助老：探索原居安老新路

三花现代城金兰苑位于宝山区高境镇，是一个纯商品房小区，小区范围东至高跃路，南临三邻桥，西至江杨南路，北邻景瑞生活广场。小区占地面积约12万平方米，共有10幢高层居民楼，16个门栋，居民总户数1255户，常住人口约2800人。金兰苑小区共有60周岁以上老人767人，其中男性居民359人，女性居民408人；80岁以上老人42人，其中男性居民20人，女性居民22人；90岁以上高龄老人4人；纯老家庭193户，其中享受长护险家庭23户，完成家庭结对互助21户。

小区自创建养老友好型社区以来，不断以提高老年人的生活品质为出发点，以规范老年服务工作为核心，建立了以居民区为依托，以专业化服务为标准的智慧养老新模式。构建以解决居家老年人日常生活困难为主要内容的服务体系，基本实现了"老有所养、老有所医、老有所为、老有所学、老有所乐"。随着人口老龄化程度的加剧，老年友好社区的需求日益增长。老年友好社区的创建，旨在为老年人提供舒适、安全、便利的生活环境，同时满足他们在社交、文化、娱乐等方面的需求。金兰苑小区精准定位发展方向，通过硬件品质提升、软件服务提升，不断提高小区老年人的幸福指数和生活满意度。

一、背景与动因

对于70岁以上独居老人的照顾，消防安全和紧急救助是重点需求，针对消防安全和紧急救助的数字化、精细化、智能化的智慧养老服务体系成为重点项目。

刚退休的"年轻"老年人从原来的工作岗位回归社区，拥有着丰富的"实战"经验，有想法、有精力，同时将工作的惯性需求转移到小区管理的意愿非常强烈。搭建老年人参与社区治理的直通车，使基层治理与社区服务深度融合，以党建引领为主线，以退休党员的作用发挥为荣耀，彰显"金"的特色，体现"治"的成效，争当基层党建排头兵、生力军。

金兰苑的老人们热爱生活且兴趣广泛。小区经常性组织开展各类活动：老年人手工制作、安全讲座、普法活动。社区居委会根据居民群众的"求知欲"和"兴趣度"，深挖社区能人优势，整合社区内外资源，推出了形式多样的"社区课单"，组建社区文体团队，满足老年人生活的精神需求。

随着时代的发展，帮助老人更好地融入数字化时代的需求迫在眉睫，社区开展微信使用、国家反诈中心App安装使用、利用导航软件查询公交信息、健康云和随申办基本功能使用的培训，让老年人能够更快地掌握一些必备的操作知识。

老年人助餐点建设也是一项民心工程。党总支充分调研，及时掌握老人们的就餐需求，围绕15分钟生活圈，为高境镇提供建设性意见，着力解决老年人的吃饭问题。

二、举措与机制

金兰苑小区在多方面都有开创性措施，引进了"境享"智能养老设备，用全新手段帮助独居老人改善生活。由社区内老人组建的自主课堂，不仅满足了老人的精神需求，还为老年人提供了难得的成就感。社区也积极鼓励老人参与社区治理，继续融入并服务社会。

（一）"境享"智能设备解决独居老人的生活困难

金兰苑小区为实现"居家养老为主，社区养老为辅"的养老服务模式，充分落实数字化、精细化、智能化，践行"人民城市人民建，人民城市为人民"和"精细化城市管理"的宗旨和理念，通过现代化设备提供更强大、更科学、更系统的关爱和服务，帮扶独居老人群体，得到了老人及其家属的一致认可。创新引领、科技赋能的"数字化社区"建设，在金兰苑小区落到了实处，满足了人民群众的养老服务需求。

"境享"为老服务项目，利用智慧养老居家红外监护设备，通过被动式的红外运动传感器，采集独居老人在家中的日常活动数据，经自适应、自学习的数据挖掘、人工智能算法分析，掌握老人的日常作息规律。之后，云平台就可以自动分析、研判老人的日常作息变化，在发生较大异常或突发情况发生之后，云平台将此偏差或异常，转换成便于辨识的色彩信息，同时传递给不能守候在老人身边的子女、运维人员、志愿者、社区居委等为老服务人员，及时预警，提醒从而避免独居老人在家中去世，无人知晓的悲剧。小区符合条件的8位老人已经开始享用上述设备。

"境享"的寓意是让高境镇的长者能够岁月静好，安享、乐享晚年生活。"境享"的宗旨是为"数字化社区"建设"添砖加瓦"。通过"境享"为老服务项目，高境镇为社区居家养老服务工作"赋能、增效、减负"，为老年人家庭生活安全"保驾护航"。

金兰苑小区设有一个24小时工作的微型消防站，社区民警携居委会定期对小区进行安全大排查，开展以安全为主题的教培活动，老年朋友积极参与安全知识讲座、消防演练，通过活动不断提高老年人应对火灾及紧急事故的理论水平和实践操作能力。"境享"科技项目在消防安全方面，表现同样出色。

在独居老人的"家庭"消防安全方面，"境享"为老服务项目利用NB燃气报警器和NB光电感烟火灾报警探测器为老人的居家用火用电安全，消防安全，提供保障。一旦监测到烟雾，报警器发出声和光信号报警，并通过电信运营商的无线物联网络，实时传输数据，利用云平台，通过短信、电话、微信公众号推送等方式，通知老人家属、社区责任人，以便及时处置。

对于70岁以上独居老人的照顾，按照其健康状况、安全习惯、居住环境等要素进行居家照护安全风险综合评估，并安装全时段红外动态监测终端、烟感报警器、燃气报警器等设备，通过日常智能化采集独居老人在家中的日常活动数据，掌握日常作息规律，形成大数据模型，匹配老人居家作息习惯，自动分析、研判老人的日常作息变化，及时预警，再通过后台运维中心与社区民政干部形成三级联动的上门照护、应急机制。小区符合条件的老人们安装率达到100%。

（二）自主课堂丰富老年人精神生活

"金兰讲堂"是三花三居党总支牵头组织的活动社团，社区居委会一边深挖居民群众的"求知欲"和"兴趣度"所在，一边利用社区自身优势，整合社区内外资源，推出了形式多样的"社区课单"。

"金兰讲堂"筹备之初，"谁来讲、怎么讲"是居民区党总支思考的核心问题。综合考虑社区居民的特点、需求和接受能力，党总支书记朱程旻脑海里想到在过去2年间小区涌现出的一批"能人"。为什么不可以把身边基层社区的这些居民能人请来给我们上课呢？这样的讲堂既有"本土味"，在课程内容的讲解上也更具"亲和力"。于是三花三居党总支聚焦"身边人、近邻事"，通过反复访谈和实地走访，使一部分"大隐隐于社区"的社区能人逐渐被挖掘出来，他们拿出自己的绝活，在居民区分享，老人们都觉得特别有成就感和归属感。

从宣传海报到课堂讲师，再从课堂策划到实地落实，处处都少不了三花三居社区能人们的身影。全年组织授课8次，内容涵盖阅读、舞蹈、瑜伽、讲座等，受益人数达286人次，其中老年人占比达60%，他们时而是倾听者，时而又是授课人，他们的特长爱好得以传播，同时享受到来自邻居的精神馈赠。

目前，金兰苑有3支由退休居民组成的社会文体团队，均实行自我管理、自我服务。"宫美人旗袍秀""三花合唱团"每周在活动中心开展

图1　金兰苑大家庭

训练和学习交流。"金兰健身操"团队则每天早上齐聚社区花园锻炼健身,团队经常参与各类文化体育比赛,以赛代练丰富了老年人的精神文化生活。

(三) 老年朋友融入社区治理

如何有序引导老年朋友参与社区治理?如何将代际差异落实到小区融合与发展中?党总支也是动足脑筋。只有进一步创新和优化社区治理体系,凝聚多元主体力量参与社会治理,打通社区治理中的重点、难点。

一个人,一个网格,一部手机,穿梭在城市街道,主动发现、记录城市管理中存在的问题。金兰苑小区按照300～500户构架了4个社区小网格,由老年朋友担任网格长,着力在建章立制、网格建设、服务进驻、力量下沉、资源下倾等方面持续用力,把网格化服务管理作为夯实社区治理根基的核心基础工程,探索老年人融入网格化管理和服务新模式,才能更好地把治理触角延伸到"末梢"细处,用实实在在的成效托起群众获得感、幸福感、安全感。

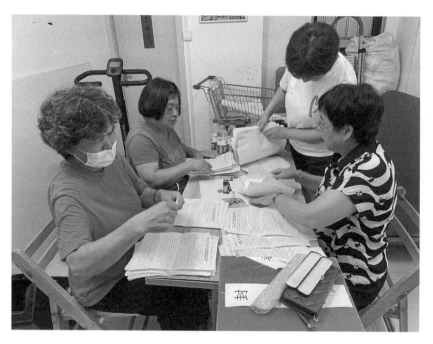

图2　网格管理小分队统计评分

图3　楼道议事厅议事

三、创新与成效

借助电子设备和信息技术,金兰苑独居老人享受到了前所未有的安全服务,感受到了科技带来的便利。老年人积极参与社区治理,同龄人之间的相互服务,不仅形成了一种独特的养老服务,更强化了基层自治。专业的志愿服务团队,专门帮助老人解决一些有技术门槛的难题,让养老服务更贴心。

(一) 电子设备更贴心,老年朋友更安心

功能强大的设备在实际安装推进中并不轻松。有些老人对电子产品有莫名的恐惧,有些老人担心重新布线造成家里整体不协调不美观,还有些老人则是对设备的可靠性产生怀疑。为打消这些顾虑,居委会同志一次次上门做解释,由于没有实物,解释也显得有些苍白。说来也巧,一位已经安装好设备的独居赵阿姨粗心大意,出门遛弯时忘记关闭煤气灶,鸡汤已经烧干变成了黑炭烤鸡,蜂鸣器设备此时已经启动,因长时间无人消音,随后直接致电了阿姨手机。心急如焚的阿姨在外暂时回不了小区,居委会工作人员冷静引导阿姨提供各类信息,最终拿到了智能门锁密码,这才避免了一次火灾事故。周围邻居在了解情况后,纷纷要求安装该设备,小区的安装率直线上升,最终小区28位老人都享受到科技带来的便利。

(二) 社区治理刚柔并济强化基层自治

城市管理如何体现精细、精致,就不得不说网格建设。一个网格设置一位网格长,通过推荐和投票从原来优秀的楼组长中选出网格长,以在职党员作为第二网格长,合并同一网格的其余楼组长为网格管理员。同时,补充志愿者、党员、热心居民组成了网格管理小分队,这个管理系统80%都是老年朋友。定期召开网格长碰头会,了解居民需求,进行业务培训,提高网格自治的水平和为民服务的能力。网格长虽是"苦活",但是老年朋友们干得有模有样。阿姨叔叔们的治理激情在燃烧、

思维在碰撞、经验在融合，稳步提升了小区的治理成效。每月对重点工作进行评分，到了年底组织网格管理团队的表彰大会，通过党总支搭建的平台，老年人们也能够真正融入社区、参与治理。

"妇联执委议事会""楼道议事厅"也是重要的老年人议事平台。专注于老年妇女的帮扶，注重实际问题的解决，收集楼栋内老年居民的问题，一并上交党总支，硬件改造由"三驾马车"的例会进行商讨解决。自治组织以需求为导向进行结对帮困。

（三）专业志愿服务解决老人生活困难

小区还通过自治，内部挖潜组建了一支拥有专业技能志愿服务队，其服务内容涵盖了日常所需的家电维修、法律援助、理发、开锁、磨刀等项目。老年人不出小区就可以享受到来自邻居的关心和帮助，一年里已为156人次老年居民提供服务。

在实际社区服务的过程中，针对服务对象的困难和实际需求开展个性化"随手帮"养老服务。例如根据老人的生活需求，由物业公司免费提供换水龙头、换灯泡服务，居委会的同志则提供代买菜、代配药等服务，在保护老年人隐私的前提下，实现24小时全时段、全流程的居家智慧化照护，为老人的居家安全保驾护航，把为老服务切实办到老人们的心坎上，有效实施智慧养老提升计划，全年服务老人240余人次。

老年人助餐点建设也是一项民心工程。党总支在充分调研的基础上，及时掌握老人们的就餐需求，围绕15分钟生活圈，着力解决老年人的吃饭问题。针对不同群体配置3个"套餐"：对于具备行动能力的老年人，引导老年人去步行10分钟可达的社区食堂，挑选一些自己喜欢的食物；对于行动不便的居民，引导其到小区助餐点解决每日的餐食；对于那些高龄、行动不便的老人，则提供送餐到家服务。各取所需的个性化服务得到了老年居民的一致好评。

图4　志愿服务团队开展重阳节敬老活动

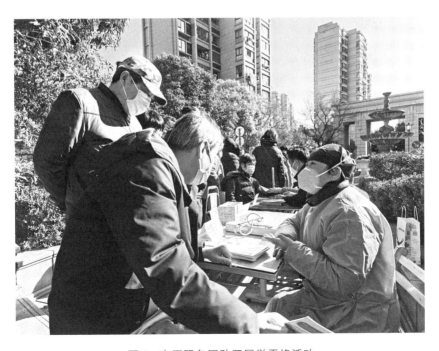

图5　志愿服务团队开展学雷锋活动

四、启示与展望

习近平总书记指出，要把老有所为同老有所养结合起来，研究完善政策措施，鼓励老年人继续发光发热，充分发挥年纪较轻的老年人作用，推动志愿者在社区治理中有更多作为。

三花现代城金兰苑聚焦抓党建促基层治理能力提升，精心打造"党建引领社区共建共享"特色亮点——"金领结"社区党建品牌，进一步深挖"金领结"品牌内涵，延伸出了"金兰合伙人""金兰讲堂""'金'技场""妇联执委议事会""楼道议事厅"等多个抓手，惠及居民群众生活、工作的方方面面，搭建老年人参与社区治理的直通车，使基层治理与社区服务深度融合，以党建引领为主线，发挥退休党员的作用，争当基层党建排头兵、生力军。

金兰苑小区将以党的二十大精神为指导，始终坚持"以人民为中心"的理念，发挥基层党组织的纽带作用，进一步满足老年人的物质、文化需求。后续将通过一系列活动凝聚人气，带动更多有才华的社区老年朋友参与小区自治共治，增强辖区居民的幸福感和满意度。将积极培育社区组织落地做强，推动社区服务工作持续健康高速发展，打造围绕老伙伴的共建共治共享的基层治理新格局。

（报送单位：宝山区高境镇三花现代城金兰苑）

专家评析

金兰苑小区的各项措施颇具创造性。现代化、智能化设备的运用令人眼前一亮，这些设备高效地解决了诸多养老难题，尤其是利用设备照看独居老人，可谓一大创举，攻克了一项长久以来的难点，并且可复制性强。

主动带领老年人学习使用智能手机及应用程序,如办事、就医、交通出行等功能,帮助老年人融入现代社会,有效提升老年人的生活质量。以上技能的学习,对于让老年人参与社区治理也同样十分有意义。如果没有这些技能,老年人要参加如今的社区治理工作会困难重重。

此外,在一些基础工作方面,金兰苑小区也没有落下,例如在解决老年人吃饭、配药问题,提供居家服务等方面做得也足够扎实。这些都是增强老年人对党组织和社区的信任,并积极参与老年讲堂、社区治理、文体活动的前提条件。

费弼弢

上海市民政局　四级调研员

打造睦邻友善"朋友圈",画出
社区共建"同心圆"

　　华山居民区位于静安寺街道西南角,是一个闹中取静、环境优美的社区。辖区面积约为0.25平方公里,共有常住居民1 375户,居民人数为2 508人,60岁以上老年人占比约为41%,有"四自"团队10个。辖区内老年人文化程度普遍较高,对精神文化需求也相对更高。居委会一直努力搭建桥梁,为老年人寻找资源。经过多年探索和长期的沟通,华山居民区积累了丰富的医疗、养老、文化、娱乐等资源来满足老年人的需求。辖区内有华山医院、华东医院、孙克仁养老院、老年日间照料服务中心、乐龄食堂、中福会托儿所、上海戏剧学院等助老单位,社区内也有枕流公寓等历史保护建筑。行走在华山社区,一幢幢历史文化建筑和现代高档楼宇交相辉映,渗透着传统与时尚相结合的都市气息,呈现出一派百姓安居乐业、现代文明的社区景象。华山居民区先后获得全国和谐社区建设示范社区、全国民主法治示范社区、全国示范性老年友好型社区、上海市自治家园示范点、上海市文明小区等荣誉称号。居民区历来以提高老年人文明素质与生活质量为目标,努力营造一个老年人居住放心、安全便捷的"同心"家园社区。

一、背景与动因

　　随着年龄的增长,老年人的生活将面临许多挑战,各种问题接踵而至,特别是高龄老人,他们普遍面临着健康、独居和社交上的诸多问题。

　　首先,健康问题是老年人最关心的问题。随着年龄的增长,人们更容易受到各种慢性疾病的困扰,如心脏病、高血压和糖尿病等。因此,加强对老年人健康的关注,定期为其体检,及时治疗疾病至关重要。此外,合理的饮食和适度的运动也能有效改善老年人的健康状况。

其次,独居问题同样不容忽视。随着社会老龄化程度的加深、少子化家庭结构的变化,加上子女日常工作忙碌等原因,社区内高龄、独居老人越来越多。老年人在独居生活中更是会遇到各种各样的困难。例如,他们可能会因为视力、听力下降而难以完成一些日常事务。此外,他们可能也会因为不熟悉现代科技设备而感到困扰。例如,他们可能不知道如何使用智能手机或电脑来购物、支付账单等。老年人在家中遇到意外跌倒、电线老化短路等特殊情况,后果不堪设想。因此,如何聚焦老年人"所想、所急",并"填好"独居、高龄老年人的养老空白,提高他们的生活质量和幸福指数也成为华山居民区一直以来的探索方向。

最后,社交问题也是老年人无法忽视的问题之一。随着年龄的增长,老年人的社交圈逐渐缩小,容易感到孤独和无助。为此,社区鼓励老年人积极参与社区活动,通过交友、参加兴趣小组等方式,拓宽社交网络,减少孤独感。针对这些问题,华山居民委员会多措并举,努力打造老年人宜居的社区。

二、举措与机制

华山居民区从环境建设做起,提供了功能齐全的社区服务中心,增加了大量扶手、座椅等适老化设施。普及智能手机课堂,通过"水管家""随身伴"等App,将科技融入养老服务。充分利用自身资源,将"尊老"和"爱幼"相结合,丰富老年人的精神文化生活。

(一) 加强社区环境建设,营造老年友好氛围

华山居民区坚持以提高老年人的生活品质为出发点,以静安寺街道城市网格化党建管理为立足点,从细微处入手并结合社区实际情况,依托社区老年日间照料服务中心与社区卫生服务中心,设有休息室、文化活动室、图书室、理发室、老年食堂与浴室等,不仅配备了功能齐全的按

摩和理疗设备,还为老年人提供日常就医配药等各项便民服务。特别是在医疗方面,社区医生与老年人签约,老年人可以通过社区卫生站点的全科医生解决基本医疗需求,如在配好药之后,护士都会协助老年人在社区卫生站的自助机上完成付费。站点医生会把居民需要的药品统一配好送到卫生站点,老年人可以就近前往站点拿药,免去了长途奔波的麻烦。

图1　华东医院专家进社区办健康讲座

图2　华东医院专家进社区义诊

因地制宜不断完善社区公共服务功能,结合静安寺街道美丽家园工程建设改造无障碍设施,增设休憩设施。辖区内有多个文娱体育活动场所,为老年人参与社区活动提供了必要的场地。同时,居民区非常重视社区适老化改造的宣传和落地,当有老人家里装修时,总是第一时间向其子女宣传适老化改造内容,提供适老装修参考方案;在社区进行

图3　为辖区内老年人家中安装扶手

图4　大楼门口高低落差处增设小坡道

图5　楼道内增装爱心椅

美丽家园改造过程中，特别为高龄独居老人加装了室内把手，为楼道增装楼梯扶手和爱心椅，还在几处大楼门口的高低落差处增设了小坡道；结合市区级适老化改造实施项目，有的老人家中卫生间装上了扶手，有的浴室增添了适老椅、防滑垫，有的还装上了紧急呼叫设备等，这些简单的"微"改造解决了老人的大问题。

依托"全国民主法治示范社区"特色，华山居民区与静安寺街道司法所、静安寺街道派出所、上海市质量监督检验技术研究院纤维检验所等单位结对，上述单位定期为居民开展服饰选购、消防安全和预防电信诈骗等专题科普讲座，并邀请全国法律援助工作先进个人、全国三八红旗手、全国维护妇女儿童权益先进个人、上海电视台知名普法节目《我要问律师》中的知名顾问张玉霞律师，定期为老年人提供法律援助咨询服务，共建和谐家园。

（二）依托智慧科技养老，帮助守护老人安全

保障独居老人的居家安全，一直是社区养老工作的重点和难点。为了能第一时间掌握老人独自在家的状况，静安寺街道为独居老人安装了一种特殊的水表。新水表看似和普通水表差不多，但它的内置芯片，就像家中的一个"水管家"，可以精确地、动态地监测老人的用水量。相关数据每半小时都会更新一次，并上传到后台的数据管理系统，管理系统可以根据这些数据掌握老年人的活动规律，为老人个性化定制专属的报警状态。

为打造具有华山特色的"智慧养老+居家养老"的新模式，华山居委会为辖区内高龄独居老人安装了"随身伴"紧急呼叫设备。这是由居民区推出的一键双向呼叫助老服务，居民出门买菜，或者去旁边医院里看病配药，只要在3公里内该设备都可以正常使用。"随身伴"紧急呼叫终端设备被安装在枕流公寓的保安室内，而居民家中则安装了子母机设备。"随身伴"设备上有一个通话按钮，老人遇到意外时按下呼叫机上的按钮，小区门卫室就会收到求救信号。为了推动"随身伴"紧急呼叫设备安装工作的顺利开展,居民区工作人员提早了解使用方法,做好知识和技能储备,确保安装到位后能教会老人使用,确保关键时刻设备能发挥应急作用。社区工作人员在安装方上门安装好设备后,会细致地为老人讲解使用方式,还会细心地调好音量等信息,把精细服务落实到"最后一步"。家中的"随身伴"紧急呼叫设备变身为"24小时人工服务管家",为老人提供一键式安全和生活服务,主要包括基础的紧急救助、主动关爱、生活便民服务等。此外,辖区内的社区单位共同参与智慧养老工作,成立了"风华长者"手机课堂。通过每周定期开展讲座的形式,教会老年人熟练使用智能手机和常用的App,不断提高为老服务的科技化水平。

图6　为辖区内高龄独居老人安装"随身伴"　图7　共建单位开展"风华长者"手机课堂

图8　"风华长者"手机课堂需求征询板　图9　"风华长者"手机课堂活动现场教学

（三）整合社区各类资源，共同参与议事协商

借助孙克仁养老院解决社区老人的养老照料需求。华山社区还与中福会托儿所一起利用中国的传统佳节重阳节，结合老年人"金婚、银婚"举办"老少同乐庆重阳"主题文艺活动。该活动已有10多年的历史了。在重阳节期间，为"金婚、银婚"的老人们重拍结婚照作为纪念，并在重阳节当天，让小朋友们和老人一起庆祝这一传统佳节。为满足老年人的文化需求，华山居民区结合静安区文化活动配送内容，定期开展各类手工制作活动，并以公益电影票的形式满足老年人的观影需求。同时，辖区共建单位上海戏剧学院，结合经典话剧的演出和学生的毕业汇演，以送票的形式让老年人欣赏这些艺术盛宴，从而丰富他们的文化生活。

图10　"五社联动"重阳节香囊制作活动　　图11　共建单位进社区开展科普讲座

在一年两次的人大代表集中联系社区活动中，邀请老年人作为社区代表共同参与，就老年人最关心的就餐、出行、医疗等方面进行讨论。人大代表充分听取老人的意见和建议，并及时向有关部门反映并给予老年人反馈。在社区议事协商的过程中，老年人作为社区的骨干力量也发挥着重要的作用。如楼组公约的制定，体现了老年人的集思广益；社区休闲椅的设计安装征求了老年人的意见，根据老年人的身高和习惯坐姿进行了调整，力求符合老年人的坐卧习惯。

图12　人大代表共同参与社区协商

三、创新和成效

华山居民区积极引导老年人参政议政,不仅强化了基层自治,更满足了老年人融入社会的需求:建立了优秀的志愿服务团队和服务体系,切实增强了独居老人的安全感和幸福感;接入了三甲医院的资源,提供了优质的医疗服务,改善老人的健康状况;科技设备成为独居老人的新"管家",时刻守护独居老人的生命安全。

(一) 引导老年人参政议政,切实满足老年人需求

积极汇聚社区治理中的骨干力量,使之在楼组党支部、楼组长和楼组积极分子的岗位上发挥作用,引导其参与社区治理,提供合理的意见和建议,真正实现社区共建共治共享。通过让老年人对社区建设出谋划策,使社区的议事协商真正做到"应老人之所需,解老人之所难"。其中,老年人参与议事协商和楼组微更新的"屋檐下的微自治"获得了上海市社会工作优秀案例;"当我们谈楼组治理时我们谈些什么"体现

了老年人在楼组治理中的集思广益，通过他们丰富的社会阅历和人生经验，开拓了社区治理工作思路，该案例获得了静安区优秀社会工作案例。

（二）依托志愿服务团队，解决老年人独居问题

华山社区建立了以社区为依托，以志愿服务为标准，解决社区内孤寡困难和独居老人日常生活为主要内容的服务体系。华山社区一直都有社区"小老人"结对关心居家高龄老人的传统。这里有成立10多年的"晚霞牵手之社"社区结对团队，也有近几年成立的"老伙伴"和"乐龄有伴"居民自治组织。由一名低龄老人结对3～5位同楼栋高龄独居老人，按一周3～5次的频率，通过上门看望、电话慰问、微信聊天等形式为高龄老人提供家庭互助服务。华山社区现有20多名结对志愿者为社区100多名高龄老人提供结对关怀服务，让老人切实感受到幸福感和安全感。同时，初步形成了以社区老年协会为基础，以"晚霞牵手之社""家家睦客厅""红蚁家园自管小组"为平台的社区老年人志愿者服务工作特色，使老年人共同参与邻里守望、矛盾调解、社区巡查、垃圾分类等各项居民自治工作当中。

（三）对接医疗资源，解决老年人健康问题

以社区健康驿站为依托，每周为老年人提供血压和血糖的测量服务，为老人建立健康档案，实时掌握他们的健康信息，以便更好地为老年人提供服务。对于有重大疾病和突发状况的老年人，社区共建单位华东医院和华山医院这2家上海知名的三甲医院，也为华山社区的老人开辟了就医绿色通道，能及时便捷地为老年人提供专业的医疗服务。

（四）建立科技养老体系，守护老年人安全问题

华山居民区专门为社区20名独居老人安装了特殊的水表——"水管家"。通过管理系统监测数据，了解老人的生活状态，为老人个性化定制专属的报警状态。为了让老年人更安心地生活，华山居委会为辖区内近17位高龄独居老人安装了"随身伴"紧急呼叫设备，老人可随

身携带。小区门卫室收到老人的求救信号后，随即联系楼内志愿者、邻里、门卫快速上门了解相关情况，并进行及时处理。这些智能化设备，方便照看老人的生活起居，时刻守护着老人的安全，解决了老人子女的后顾之忧。

（报送单位：静安区静安寺街道华山居民区）

专家评析

　　该案例体现出了华山居委会为了帮助老年人改善生活、提高生活品质做出了哪些努力和改变。华山居委会充分利用本社区的医疗、养老等资源，打造了老年友好的社区环境；依托志愿者服务团队和智慧养老设备，解决老年人独居的安全和社交问题；通过人大代表集中联系社区的活动，引导老年人提出需求，发挥老年人的积极性和主动性。这三个方面所取得的成效，切实减轻了老年人对健康、社交、独居方面的担忧，值得其他社区借鉴。

费弼弢

上海市民政局　四级调研员

科技点亮生活，守护幸福晚年

跃进居民区地处崇明岛最西端，是上海的"最西北角"，隶属于崇明区新海镇，由原国营农场转制而来，辖区由4个售后公房小区、6个散户点和多个农业连队组成，呈"地广人稀"的特点。20世纪中叶，数万上海知青曾在此围垦，垦拓精神和知青岁月是这片土地上难以磨灭的印记。近几年随着社会变迁，目前跃进常住居民主要由农场退休老知青、外来务工人员、新跃进人构成。

跃进居民区辖区面积约21平方公里，有常住人口1 206人，60周岁以上老人有566人，约占常住人口的46.93%；80周岁以上老人有87人，约占本社区老人总数的15.37%；独居老人有131人，约占老人总数的23.14%；空巢老人562人，失独老人5人，失能（含失智）老人5人，重残老人2人，计划生育特殊老人6人。跃进居民区是高龄、空巢、独居老人较多的农场型社区。

区别于城市社区生活节奏快、人员流动密集频繁，邻里间关系生疏，跃进居民区是一个"熟人社区"，邻里互助氛围浓厚。此外，崇明有着丰富的自然资源、优良的生态环境，对老年居民的健康有正向影响。

一、背景与动因

受限于地理环境及社会发展导致人口流失等情况，跃进社区的老年工作"难上加难"，养老服务的难点在于供给和需求的矛盾越发突出。

在农场型社区居住的老人有一定的经济收入、文化程度，对农场有较深厚的感情，参与基层社区治理的主动性较高。跃进居民区老人的养老需求总结起来为"三高",即高质量的服务、高水平的活动、高频次的关爱。

为深入学习贯彻习近平总书记关于老龄工作的重要指示精神,新海镇立足实际,因地制宜,精准发力,从造硬件、打基础到强软件、提内涵,着力打造"幸福养老"体系,实现养老服务从"有"到"优"的飞跃。

二、举措与机制

跃进居民区以创建全国示范性老年友好型社区为契机,通过保障供给全面化、开启养老智能化、注重服务多元化、搭建平台常态化,不断优化老年居民的生活环境和服务体验,提升老年居民的获得感和幸福感。

(一) 保障供给全面化,让每一位老人老有所养

1. 织密制度保障网

新海镇制定了《新海镇养老服务美好生活三年行动计划(2018—2020)》,将"推进老年宜居社区建设"列入《生态美丽幸福新海建设发展指标体系(2018—2020)》,为全镇养老服务业发展提供制度保障。在社区层面,跃进居民区成立创建工作小组,由居民区党总支书记担任组长,老龄工作干部任联络员,吸纳老年协会成员、老龄志愿者为组员,细化具体工作,层层压实责任,形成老年友好型社区建设长效机制,逐步推进创建工作。

2. 织密设施保障网

近3年来,新海镇投资800余万元(含市、区两级补贴),实施薄弱养老机构改造,建成了包括跃进社区分中心在内的4个社区综合为老服务(分)中心,4个日间照料中心,1个长者照护之家,4个社区长者食堂,11个标准化老年活动室,10个社区睦邻点,总建筑面积近6 000平方米,养老服务主要指标数实现倍增。

图1　新海镇综合为老服务中心跃进分中心改造前后对比图

3. 织密人才保障网

建立与本镇养老服务业发展相适应的从业人员薪酬体系，完善动态调整机制。对持专业证书的从业人员进行分级分类奖补。每年开展养老护理人员技能竞赛和评选表彰活动，实现养老服务激励褒扬常态化。深挖"毗邻党建"资源，与江苏省启隆镇、海永镇建立养老人才共享机制，有效缓解人才紧缺难题。目前，跃进社区配有3名养老顾问。

图2　朱彩珍同志荣获上海市首批养老顾问称号

其中,朱彩珍书记为2020年上海市首届金牌养老顾问,为社区老人提供专人服务,打通养老服务供需对接"最后100米"。

(二)　开启养老智能化,让特殊群体的老人老有所安

1. 实时监管有速度

由于农场型社区的特殊性,老年人的子女普遍不在老人身边,为降低老人独处时的风险,跃进社区为30名78周岁以上的本镇户籍独居老人免费发放一块智能手表,通过智能手表的全天候监测,老人及其家属可以实时了解老人的血压、心率、睡眠等健康情况,老人自己还可以通过一键呼救功能在紧急情况下寻求帮助,家属更可通过设置电子围栏避免老人走失等意外情况的发生,相关监控数据通过"智慧平台"实时传送给家属的手机端App,遇意外情况会第一时间通知志愿者。

2. 线上服务有精度

搭建"智慧平台",建立老年人综合信息数据库,并将老年人数据进行分类标记,实时掌握社区老年人基本情况,助力分析决策精准化。"智能

图3　社区工作人员指导居民使用智能手表

手表""健康一体机"获取的健康数据会实时上传至"智慧平台"，通过数据分析，与社区卫生服务中心合作共同为老年人提供个性化的生活和健康指导。该项目二期将继续开发大数据分析功能，为有需求的老人精准匹配各类养老服务资源，让老人享受到更便捷高效的智能型养老服务。

3. 线下服务有温度

跃进综合为老服务分中心配置了一台"健康一体机"，可以提供血压、血糖、尿酸、总胆固醇、心电图等基本健康体检服务。居民在志愿者的帮助下，只需要验证身份证就可以享受相关的体检服务。目前，跃进社区每年会定期为特殊照护老年群体开展免费体检，辖区内已有300多名老人享受到相关的服务。同时，采集下来的健康数据也会实时上传至智慧平台，老人可通过互动大屏查阅健康评估报告和健康处方。该平台已逐渐成为社区老年居民信赖的"健康医生"。在"智慧助老"项目开发建设过程中，新海镇跃进社区始终秉持"简便实用"为第一原则，让老人能用、会用、乐用。同时，服务人员还提供指导或代为操作，让项目不仅有技术精度，更有人文温度。

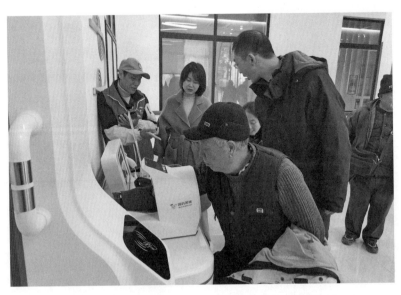

图4　跃进社区志愿者帮助社区老人完成健康检测

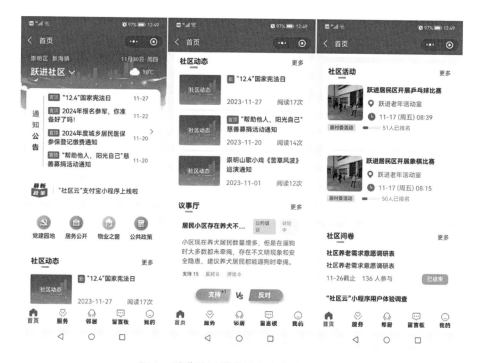

图5　跃进社区微信服务平台建设情况

（三）注重服务多元化，让居家养老的老人老有所依

1. 着眼质量提升，"五社联动"添活力

引入上海5A级社会组织运营跃进社区综合为老服务分中心，让辖区老人在"家门口"就能享受到高品质的养老服务。围绕居家老年人的迫切需求，开发设计"花开新海·健康助老"公益项目，统筹社区慈善资源和社区志愿者，委托有专业能力的社会组织承接，积极探索以购买服务为保障、项目化运作为纽带的联动途径，逐步建立起"以老人需求为导向、以社区为平台、以专业社工为引领、以社会组织为承接"的社区居家养老服务模式。

2. 着眼需求导向，"六助服务"解民忧

探索多种助餐方式，让辖区老年人以承担得起的价格享受"饭来张口"的待遇；不断丰富"舌尖上"的养老体验，推出"AB套餐"，满足老人多样化、差异化的用餐需求；推出"衣新一意"助衣项目，为行动不便

图6 跃进居委志愿者为老人免费理发和陪护就医

的老人清洗大件衣物。此外，还有为老人理发的助容服务、清洁房屋的助洁服务、陪同购物的助行服务、陪护看病的助医服务等单项服务，精准满足了老年人的现实需求。随着"六助服务"在社区的深入推广，老人们的幸福生活指数正在不断攀升。

3. 着眼资源整合，"助力夕阳"暖人心

将为老服务纳入网格，实施"助力夕阳"志愿服务项目。网格巡查员与网格内的空巢老人结对，为他们提供生活照料、应急救助等志愿服务。在日常巡查中，网格巡查员常到结对老人家中"看一看"，对老人情况"问一问"，发现困难及时"帮一帮"，让空巢老人不再孤单。

（四）搭建平台常态化，让力所能及的老人老有所为

1. 发挥自治组织主力作用

跃进居民区过去作为农场地区，有不少上海知青。这群知青有文化、有时间、明事理，即使满头银丝，依然希望发挥余热。引导有威望、有特长的老年人加入社区自治组织，利用其经验技能和影响力参与矛盾调解、志愿服务、宣传教育、民主监督等工作。跃进香樟园议事坛就是以这样的老年居民为主体组建起来的。他们广泛听取居民群众的意见和建议，每月围绕社区重点工作开展议事，参与实事工程的宣传、质量监督、协商，发挥好"上传下达"的作用，将矛盾化解在萌芽状态。

图7　跃进居委召开香樟园议事坛会议

2. 发挥文化润老先行作用

依托新海镇文化艺术节、"文化走亲"项目，推出各类适合老年人参与的公共文化活动和文化服务，为老年人提供展示交流的多样化舞台。跃进居民区每年联合老年协会、文体团队开展厨艺展示、健身徒步走、排舞展示、棋牌友谊赛等活动，在丰富老年居民精神文化生活的同时，通过文体团队和自治组织引导他们参与社区活动、志愿服务和社区治理。在给社会继续带来正能量的同时，老年人自身也享受到了精彩充实的"双倍人生"。

3. 发挥互助养老帮手作用

跃进现有注册志愿者和季节性志愿者267人，有便民服务、环境整治、助力夕阳等志愿服务队伍10余支，整个社区营造起了浓厚的志愿服务和邻里互助氛围。在"老伙伴"志愿服务团队中，一名低龄老人志愿者结对5名特殊老人，每周开展上门走访、代行代购、聊天谈心等服务。社区还开展"最美家庭"、"孝亲敬老"、"最美媳妇"、优秀志愿者等先进典型评选，树立起先进典型。社区医院积极宣传推广家庭医生签约服务，解决老人看病难、配药难等问题。镇级养老院为辖区有需要的老人提供免费送餐服务。

三、创新与成效

老有所养是"幸福养老"的前提和基础。新海镇从制度、设施、人才入手，织牢"三张密网"，让老年人的基本养老需求有保障，实现老有所养，同时也为跃进社区的友好社区创建工作做好了顶层设计。

为应对新海镇地处偏远且地广人稀的特点和传统的养老方式难以支撑老年人个性化需求的压力，新海镇投入150万元，打造"智慧助老"项目，将互联网、云计算、大数据与养老服务相结合，以"智慧平台+手机App+健康一体机+智能手表+互动大屏"五大模块，形成数据记录、远程监护、便民服务、信息整合的服务闭环，为老年人提供"医养护娱"四位一体的智慧助老服务，既增进了老年人与子女之间的联系，也保障了部分特殊老人的安全。2021年，跃进居民区有一名独居老人意外摔倒昏迷，老人在意识模糊前按了智能手表上的一键呼救按钮，子女发现异常后立即拨打居委电话，居委干部第一时间到场陪护老人就医，使老人及时得到了救治。

目前，居家养老仍是绝大多数老年人选择的养老方式。为满足老年人"不离乡土、不离乡邻、不离乡音、不离乡情"的养老服务需求，新海镇不断深化"家门口"养老服务内涵。在"智慧平台"的建设和完善中，结合社区云平台的使用，老年人可以通过微信了解社区动态，报名参与自己感兴趣的活动。例如，根据居民年龄、健康状况的差异为其提供有针对性的健康指导和服务。前期开展的中医问诊受到居民的热烈欢迎和一致好评。健康自管小组针对慢性病开展的活动，增强了居民的"健康第一责任人"意识，有30名居民在活动中被评为"健康达人"。

"老有所为"是积极应对人口老龄化的重要途径。新海镇大力培育老年人的积极老龄观，鼓励和倡导老年人在自愿、量力的前提下，积极参与社区治理，为老年人发挥余热搭建更多常态化的平台。在社区的自治组织、文体团队、志愿活动中到处都有老年人的身影，老年人的活动参与率达到75%。跃进居民区初步建立起了"老有所学、老有所用、老有所乐"的良好生态。

四、启示与展望

近几年，跃进居民区通过保障供给全面化、推进养老智能化、注重服务多元化、搭建平台常态化，使社区在为老服务方面取得了一些成就，但仍存在一些短板。例如辖区内缺乏医疗资源难以进一步推动医养结合工作，人口外流导致为老服务队伍"老化"问题。

随着老龄化程度的不断加深，跃进居民区希望通过不断改善硬件设施和服务品质，以持续推进全国示范性老年友好型社区为基础，深入贯彻新海镇"四化四有　幸福养老"品牌，积极践行"人民城市人民建，人民城市为人民"重要理念，以满足老年人对美好生活的向往为目标。

未来，跃进居民区希望能深入推进"智慧助老"项目，开发大数据分析功能，与医院共享老人健康数据，探索医养结合无缝衔接，通过提升社区卫生服务机构服务质量弥补居家养老的不足，更加贴近社区居民，保障居民基本医疗和特需的康复护理需求。通过数据分析为老人精准匹配各类养老服务资源，开展点单式服务，写好"科技+"文章，让老人体验到更便捷高效的智能型养老生活，推动社区服务更加规范化、多元化、智慧化、便捷化，努力把跃进社区建设成为老年人颐养天年的幸福家园。

（报送单位：崇明区新海镇跃进社区）

专家评析

　　该案例是一个典型的农场型农村案例，社区人口结构特殊，高龄、空巢、独居老人占比高，有着地广人稀的服务痛点，但又是一个"熟人社区"，邻里关系紧密。社区通过建立制度保障供给，以智能化设备提供服务支撑，实现跨越地域的老人生命健康守护，提供个性化老年生活和健康指导。同时，通过线上发布、线下服务的方式，让老人体验到科技的温度，确保老人在享受智能服务时的便捷性和实用性。该案例不仅注重物质层面的建设，更注重人文关怀和服务质量的提升。通过综合施策、科技助力、共建共享等方式，老年人能够享受到更加美好的晚年生活。

张剑敏

上海市长白社区卫生服务中心　主任

"花"样晚晴绘美好，心心相"溪"享幸福

花溪园社区隶属于新中国第一个工人新村——曹杨新村，下辖4个自然小区，由商品房、售后公房等多种类型组成，区域面积达37 049平方米，绿地面积达11 708平方米。户籍人口3 301人，实有人口3 341人。60周岁以上户籍老人有1 780人，其中80周岁以上老年人有288人。社区内共有60岁以上纯独居老人65人（含孤老2人），双独居老人44人，失能老人2人（含失智1人），计划生育特殊家庭10人，是一个老龄化、独居率较为突出的社区。

一、背景与动因

社区中的困难老人群体中，大多是高龄独居老人，子女不与他们同住，同时这些老人也面临着配偶离世的情感上的伤痛。他们大多缺失亲情，因为孩子工作忙而不愿意麻烦晚辈，往往自己一个人扛下了生活上的重担。他们的身体也面临着多种疾病，有的属于急性有的属于慢性，遇到需就医或出行也面临着打车难等问题。同时，伴随着自身兴趣爱好的减少及无人交流的孤独感，还有对未来可能发生的突发事件无从知晓的焦虑感。

然而，就是这样一群老年人，其中有不少是老党员，或曾经的劳动模范，或曾经的先进工作者。退休后的他们仍然积极投身于社区志愿工作。如何利用科技手段丰富他们的生活成为花溪园居委在科技助老这条路上不断探索的动力。

图1　花溪园百姓会客厅

二、举措与机制

针对社区老年人的实际情况，在街道等有关部门的支持下，花溪园社区通过共商共治提出了以下举措。

（一）以小区综合修缮为契机，提升科技助老水平

花溪园社区以小区综合修缮为核心，致力于改善居民的居住环境，提升社区的整体品质。此次修缮计划不仅关注硬件设施的更新和完善，更注重老年人的居家安全和生活便利性。在实施修缮的过程中，社区特别为老年人家庭安装了四件套、"一键通"应急呼叫装置和"为老服务平台"。这些智能化设备为老年人的安全生活提供了便捷。尤其是"一键通"呼叫装置，只需轻轻一按，便可迅速联系到紧急救援人员或社区服务人员，极大地降低了老年人在家中的安全风险。对于困难老人家庭，社区还为其进行了住房适老化改造，通过一系列的改造措

施,如增设扶手、无障碍通道等,使得老年人在家中能够自由行动,不再受到楼梯等障碍物的困扰。

在小区硬件设施方面,社区也进行了全面升级。目前,已有6部高层电梯完成更新,35栋多层住宅全部完成了征询工作。已建成和正在施工的16部电梯和1个整建制小区实现了住宅电梯安装全覆盖,这大大方便了居民的出行。

除了硬件设施的完善,花溪园社区还十分注重满足居民的休闲健身需求。社区内设有健身步道和残健融合的健身苑点,为居民提供了多样化的健身选择。此外,社区毗邻3座公园,为居民提供了休闲放松的好去处。花溪园社区通过综合修缮工程,不仅提升了社区的硬件设施和环境品质,更为老年人提供了更加安全、便利的生活环境。

(二) 以智养晚晴为目标,创新智慧助老场景

在城市数字化转型的大背景下,为了更好地满足老年人的需求,一些社区开始积极响应,为老年人提供更加便捷、智慧的服务。其中,"一键通"服务平台成为受欢迎的服务方式。"一键通"服务平台是一种便捷的服务方式,通过整合线上线下服务资源,为老年人提供了一站式的服务体验。老年人只需通过一键呼叫,就可以满足各种需求,如慢病配药、叫车出行、买菜购物、辅具租赁等。这种服务方式不仅方便了老年人的生活,更提高了社区服务的效率和质量。

除了"一键通"服务平台之外,还有一些社区通过定制开发云支付平台、引进智能设备等方式,为老年人提供更加智慧化的服务。例如,"曹食惠"送餐管理云支付平台,通过智能餐盘和刷脸支付等设备,让老年人的就餐变得更加便捷。同时,申程出行"一键叫车"智慧屏终端设备也为老年人提供了更加信息化、智能化的出行服务。除了提供便捷、智慧化的服务之外,社区还通过组织活动等方式,提高老年人的数字化素养。例如,组织社区老年人参加"做一天曹杨人"微游览长者数字达人提升记活动,让老人在与智能化应用场景的实景互动中,了解曹杨近

图2　社区工作人员为居民讲解"一键通"的使用方式

几年的数字化改造，学会智能设备的使用技能。这种方式既丰富了老年人的生活，也有助于提高他们的数字化素养和技能水平。

（三）以建圈布点为依托，加强资源整合

在社区中，老年人的生活质量和幸福感的提升是至关重要的。为此，花溪园社区借助"家门口"的为老服务站点建设的机会，开展了一系列丰富多彩的活动，旨在提升老年人的生活质量，满足他们的需求，并使他们感受到社区的温暖和关怀。花溪园社区将老年活动室打造成了一个综合性的为老服务样板间。这里不仅有长者运动之家，让老年人在这里锻炼身体，保持活力；还有非遗工作室，让老年人有机会学习和传承非物质文化遗产，感受传统文化的魅力。此外，花溪园社区还设立了健康服务站，依托毗邻社区卫生服务中心的资源优势，为社区内的老年人提供家庭医生签约服务。截至2022年年底，已有1 335位60周岁以上的老年人签约，签约率达到了75%。通过健康云服务平台，老年朋友们可以方便地进行就诊预约、医疗咨询、就医服务查询等操作，极大地提升了他们的健康管理体验。

　　除了对老年人身体健康方面的关注,花溪园社区还将社区老党员、老先进的故事用数字化的方式留存下来。依托华东师范大学的优质资源,社区深入挖掘老一辈的宝贵经历,让他们的人生经验和智慧得以传承。通过这些故事,我们共同谱写了曹杨社区的历史,让后人了解和铭记这段不平凡的历程。此外,社区还积极引入第三方社会机构,为老年居民提供无人机摄影培训。这项培训不仅教授老年居民如何操作无人机,还指导他们如何获取无人机操作证。通过这种方式,老年居民们有机会接触并体验科技带来的生活乐趣,同时也为社区的影像记录留下了宝贵的资料。

　　以"家门口"的为老服务站点为依托,全方位地关注老年人的需求,为他们提供了一系列丰富多彩的活动和服务。通过这些举措,老年人在社区中感受到温暖和关怀,享受到幸福美满的晚年生活。

三、创新与成效

　　在建设老年友好社区的过程中,花溪园社区将老年友好理念贯穿在建设的各个环节,从外部环境到科技赋能再到人文关怀,让老人能看到科技赋能,体验到科技福利,掌握到科学技术。

(一)突出"生态宜居"优势,构建更友好的社区生活幸福圈

　　花溪园社区的老年友好型社区创建依托社区宜居环境优势,打造更适老的生态环境,所辖小区均位于市级林荫街区内,出门即为市级林荫大道花溪路、生态河道曹杨环浜,同时与曹杨公园毗邻,周边还有"棠浦园""芙蓉花园""源·园"等多个口袋公园;依托街道"双圈"建设,布局更优质的服务资源,借势街道推进"15分钟社区生活圈"(上海市样板社区)和"一刻钟便民生活圈"(国家级试点)的"双圈"建设的良好契机,加密布局为老服务阵地和设施,社区党群服务中心、社区文化活动中心和社区卫生服务中心均建在花溪园辖区内,同时花溪园毗邻

图3　非遗项目工作人员开展益智图古籍经折装帧

兰溪路社区商业街核心段，老年人步行5分钟即可到达商场、影院、银行、邮局等地，尽显优质服务和生活便利优势。

（二）深化"数治赋能"特色，打造更友好的科技助老新场景

重点聚焦社区为老服务数字化转型，植入多个"数字拐杖"，积极应对人口老龄化和城市数字化转型，解决老龄化加剧与数字化加速之间的矛盾，及时对社区老年人的服务需求做出积极响应。

为社区内老人开通"一键通"为老服务平台，成为首批推行"一键通"的适老化社区，整合线上线下服务资源，满足慢病配药、叫车出行、买菜购物、辅具租赁等需求，实现为老便民服务的"一窗式"展示、"一口式"受理、"一站式"供给；为社区添置"一网通办"远程服务系统，让老年人不出小区就能享受70多项政府公共服务；定制开发"曹食惠"送餐管理云支付平台，引进"智能餐盘""刷脸支付"设备，开通"益卡通"助餐服务等举措，让老年人的就餐变得更便捷、更智慧；落地申程出行"一键叫车"智慧屏终端设备，为老年人提供信息化、智能化出行

服务；组织社区老年人参加"做一天曹杨人"微游览长者数字达人提升记活动，让老人在与智能化应用场景的实景互动中，了解曹杨近几年的数字化改造，学会智能设备的运用技能；引入数字健康伴护项目，一台小小的壹加医机器人可以让老人在社区完成就医问诊的远程服务；建设社区老年人康复健身区，为脑梗中风后遗症患者、阿尔茨海默病患者等提供社区康健服务。

（三）扩大"志愿公益"效应，营造更友好的孝亲敬老新风尚

整合区域化单位和文明委单位资源力量，花溪园社区致力于扩大自治公益项目的影响力和辐射面，目标是让更多的老年人参与志愿公益活动，进一步激发"小老人"志愿结对"老老人"的热情。为了实现这一目标，花溪园社区坚持开展了一系列富有成效的公益项目。其中，"十号爱心汇"是一项持续了13年之久的老公益项目。该项目通过组织各种志愿活动，为老年人提供关爱和帮助，让他们感受到社区大家庭的温暖。而"夕阳红下午茶"自治项目则是近10年来又一项重要活动。该项目以茶会友，让老年人在品茶交流中感受到社区的和谐与温馨。

这些公益项目的成功开展，不仅让老年人在参与中感受到快乐和满足，也激发了"低龄老人"志愿结对"高龄老人"的热情。通过这些活动，老年人能够互相帮助、共同成长，形成了一种温馨友爱的社区氛围。

为了积极应对老龄化社会的挑战，华东师范大学、华东理工大学和复旦大学"三校五系"联手赋能养老社区建设。这一合作旨在整合各校的专业优势，为养老社区提供全方位的支持和服务，提升老年人的生活品质和幸福感。

华东师范大学教育学部康复科学系发挥专业优势，针对花溪园社区听力障碍、发音不清以及失语症老人开展康复训练。通过个性化的康复计划和专业的指导，帮助这些老人重新获得交流能力，重拾生活的信心。

　　华东师范大学历史系则聚焦社区内有故事的老人，启动了"红色记忆传承"项目。通过记录和整理老人们的口述历史，让后辈们更好地了解历史和社区文化，同时也为社区的文化建设贡献力量。

　　华东师范大学法律系则从社区治理的角度出发，与社区"基本立法点"建设紧密结合。法律系的师生们为社区提供法律咨询和援助，为社区治理提供法律保障，确保老年人的权益得到有效维护。

　　复旦大学新闻系党支部与有兴趣的老年人合作，共同推进"同乐花溪"摄影项目，通过教授摄影技巧和分享摄影经验，让老年人发现生活中的美好，同时也为社区的文化活动增添色彩。

　　华东理工大学则发挥其工科优势，组织开展了"撕纸与化学""非遗版画""非遗雕塑"等进社区活动。这些活动旨在通过趣味性的方式，让老年人了解科学知识和传统文化，丰富他们的精神生活。

　　这一系列活动的开展，不仅展现了"三校五系"在养老社区建设中的专业能力和社会责任，也为养老社区的可持续发展注入了新的活力。通过各校的通力合作，相信我们能够为老年人的幸福生活创造更多可能性。

四、启示与展望

　　让"党建红"托起"夕阳红"，用"现代化"解密"幸福感"，花溪园居民区不断巩固全国老年友好型社区创建成果，通过党建引领联动区域化单位、党建联建力量，深挖社区党员、第二梯队志愿者、社区达人潜能，继续融合科技助力社区养老的服务能力，让花溪老人在数字化浪潮中感受社区大家庭的温暖，在社区营造孝亲敬老新风尚。

（报送单位：普陀区曹杨新村街道花溪园社区）

专家评析

　　该案例呈现的独特优势和人文特点，很好地将科技赋能与生态宜居、志愿公益相融合，充分借助曹杨街道优质资源开展老年友好型社区的建设，在科技助老项目内容、执行落地以及后续推进过程中，都凸显出以服务老年朋友为目标，以让老年朋友学习享受科技带来的便捷为出发点，并在数字化转型方面做出了许多尝试和创新，通过整合线上线下服务资源，实现了为老服务的"一窗式"展示、"一口式"受理、"一站式"供给。此外，社区还注重提升老年人的数字素养，与高校合作，引入了专业的服务资源，提升了为老服务的品质。该案例对于科技助力老年友好型社区建设具有很好的借鉴意义。

张剑敏

上海市长白社区卫生服务中心　主任

科技与传统共舞，打造金牌护老新模式

真北新村第五居民区又称真北三街坊，位于大渡河路1927弄，占地总面积78 355.4平方米，东至兰溪路，西至大渡河路，北至芝川路，南挨普陀区公安局，西临大渡河路临近宏康医院。居民区内有31个楼栋，其中高层4栋，多层27栋；常住居民1 274户，共计2 607人。该社区的特点表现为"三多"：一是老年群体多，60岁以上老人有1 149人，占比为44.07%，其中80岁以上老人有112人；独居老人71人，失独老人16人，计划生育特殊老人18人，失能老人16人，重残老人5人。二是退休党员多，退休党员占社区总党员人数的94.6%。三是共建单位多，且周边15分钟生活服务圈日益完善，有综合为老服务中心、社区学校、市级体育场馆、公园各1家；医院、敬老机构、服务片区各2家。此社区是老龄化相对严重的混合小区。社区坚持政府引导、社区自治、社会参与原则，搭建志愿服务网络，打造活动平台，调动居民参与社区老年事务积极性，推进老年友好关系邻里关系建设，营造一种尊重和关爱老年人的氛围。

一、背景与动因

在科技日新月异的今天，社会各界高度关注如何利用科技手段提升老年人生活质量。科技助老不仅是一种社会关怀的体现，更是我们提升老年人生活质量的有力支撑。当下的老年人面临着现代社会的诸多困境，科技助老作为一种社会责任，旨在通过科技手段为老年人创造更加便利的生活条件，帮助他们更好地适应现代社会。这不仅是社会进步的标志，更是我们对老年人的尊重与关爱。

经过走访和研究,发现社区的老年人主要有以下四方面需求:一是社区内独居或空巢老年人多,可能缺少日常的关心和照顾;二是一些老年人可能面临出行不便,如公共交通不便利,不会使用手机打车;三是老年人常常有精神文化方面的需求,如缺乏合适的娱乐活动或学习机会;四是一些老年人在面对法律问题时可能感到困惑和无助。

二、举措与机制

真北五居针对上述四方面需求,利用"传统+数字"为老人推出四大关爱举措:一是为所有的独居空巢老人安排志愿者对接两天一问候,关心其日常生活;二是通过安装一键通、六件套等电子辅助设施,保障老年人的生活安全;三是与交通管理部门合作,优化公共交通路线,增设老年人和残疾人的便利设施;四是与政府部门合作,宣传和解释养老保障政策,为有需要的老年人提供法律援助。通过上述举措,旨在全面满足老年人在健康、生活、精神、经济、信息科技和法律等方面的需求,努力提升他们的生活质量,鼓励社区居民参与老年服务工作,共同构建和谐社区。

(一) 智慧六件套,保障独居老人生命财产安全

随着社会的发展和人口老龄化的加剧,老年人的生活安全问题越来越受到关注。为了解决这一问题,一种新型的智能监测系统应运而生。这种系统可以通过各种传感器和设备来监测老人的活动,并自动记录他们的生活习惯。一旦出现异常情况,如长时间家里无人、用水量异常等,系统就会立即发出警报,通知家人或社区工作人员前去查看。

首先,该系统能够实时监测老人的活动情况。通过在家中安装各种传感器和设备,系统可以全面掌握老人的日常作息时间和生活习惯。比如,通过分析老人每天的用水量、用电量等数据,系统可以判断老人是否正常生活。如果发现异常情况,如连续12小时用水不足0.01立

方米，或者连续12小时检测不到家里有人走动等，系统就会立即发出
警报。

其次，该系统还可以通过智能识别技术来判断老人的身体状况。
比如，通过分析老人的声音、步态等信息，系统可以判断老人是否出现
了身体不适或者行动不便的情况。一旦发现异常，系统也会立即发出
警报，通知家人或社区工作人员前去查看。

此外，该系统还具备智能学习能力，可以通过不断地学习和优化来
提高监测的准确性和可靠性。同时，该系统还可以根据老人的生活习
惯和需求进行个性化设置，如设置特定的报警阈值、推送定制化的健康
资讯等。

智能监测系统为独居老人提供了一种全新的安全保障方式。通过
实时监测、智能识别和智能学习等技术手段，该系统可以有效保障老人
的生活安全，减轻家人的担忧。未来，随着技术的不断进步和应用范围
的不断扩大，相信这种智能监测系统将会在保障老年人生活安全方面
发挥更加重要的作用。

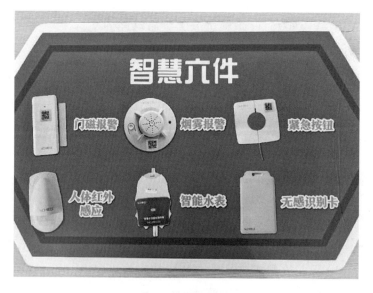

图1　智慧六件套

(二) 远程健康监测,助力老年朋友管好健康

随着科技的不断发展,智能健康监测设备已经逐渐成为我们生活中不可或缺的一部分。为了更好地关爱老年居民的健康,培养他们自我管理健康的良好习惯,真北五居采取了一项创新的措施:为老年居民配发智能健康设备,如智能手环、智能血压计等。这些智能设备能够实时监测和记录老年人的健康数据,包括心率、血压、血糖等重要生理指标。这些数据被传输到云端进行分析,一旦发现异常情况,比如心率过快、血压过高或者血糖过低等,系统就会立即提醒老人及其家属,并寻求社区工作人员的协助,以便老人能及时就医。这一措施的实施,提高了老年居民的健康管理意识,也让他们更加关注自己的身体状况。通过实时的监测和提醒,老人们能够及时发现自己的身体问题,并采取相应的措施,避免病情的恶化。

此外,智能健康监测设备的普及也有助于推动社区医疗服务的完善。社区工作人员可以通过分析这些数据,了解老年居民的健康状况,为他们提供更加精准、个性化的医疗服务。这既能够提高医疗服务的质量,也能够降低医疗成本,为整个社区的居民带来更多的福利。真北五居的这一举措展示了智能健康监测设备在关爱老人居民健康方面的巨大潜力。

(三)"人+技"组合,帮助老人跨越空间鸿沟

随着社会的发展,社区中的高龄、独居老人数量不断增加。这些老人在日常生活中,常常感到孤独和无助,他们渴望有人陪伴,但又往往因为各种原因不愿主动提出。对于这种情况,社区工作人员采取了一系列措施来满足老人的需求。社区组织了一支志愿者队伍,专门为老人提供陪伴服务。志愿者们定期与老人进行交流,询问他们的生活状况、身体状况以及是否有需要解决的问题。通过这种方式,老人感受到了来自社区的温暖和关怀,缓解了自身的孤独感。

为了更好地满足老人的沟通需求,社区还组织了培训课程,教老人

图2　居委志愿者协助老人使用微信与家人视频聊天

如何使用微信等聊天软件。对于那些不熟悉拼音输入的老人，志愿者们耐心地教会他们如何使用智能语音助手进行语音聊天。通过这些方式，老人们可以随时与子女、亲戚、朋友进行视频电话，增强了老人与家人的联系。

除了提供陪伴和沟通服务外，社区还为老人提供了各种实用的生活服务。比如定期为老人送餐、组织健康体检、提供家政服务等。这些服务不仅方便了老人的生活，也让他们感受到了社区的关爱和温暖。对于普通家庭的老人，社区也提供了相应的支持。例如，为有需要的老人提供家庭照护服务、为老人提供心理咨询和健康指导等。这些措施旨在提高老人的生活质量，让他们在晚年能够过上更加幸福、健康的生活。通过多种方式满足高龄、独居老人的需求，让他们感受到关爱和温暖。这些措施不仅提高了老人的生活质量，也体现了社会的进步和文明的发展。

（四）从接受到会用，主动科普让科技真正助老

科技助老可以有很多嵌入点来使老人生活更加丰富多彩。智能家

居系统可根据老年人的生活习惯和需求进行个性化设置,提供便捷的生活服务。例如,智能照明系统能够自动调节室内光线,为老年人创造舒适的阅读环境;智能空调则可确保室内温度和湿度适宜,为老年人提供舒适的居住环境。针对所有老年人出行困难的问题,智能出行工具如智能轮椅、一键叫车服务等应用逐渐普及。这些设备降低了老年人出行的难度,提高了其出行安全性,为他们的生活提供了更多便利。

社区内加强对科技助老的宣传教育,提高公众对老年关怀的认识。通过开展志愿服务、社区活动等形式多样的社会实践,鼓励更多人参与科技助老行动。同时,发挥舆论引导作用,传播关爱老年人的正能量,营造尊老爱幼的社区氛围。

图3　一键叫车系统

图4　志愿者开展智慧助老培训

三、创新与成效

真北五社区建设采用了综合性的方法。它不仅关注硬件设施的完善,如增设扶手、改善无障碍设施等,还注重软件服务的提升,如提供定制化的健康管理、心理咨询,鼓励老年人参与社区治理等服务。真北五社区积极鼓励老年人参与社区治理,成立"五芒星"调解预警工作站。建立专为解决居民纠纷的"金牌调解队",队员中老年人占比为88%。这些老年金牌调解员主动划分责任区,提供人民调解、老年人及妇女儿童维权、婚姻家庭指导等服务，还组建了"五芒星"红色议事厅等，支持更多老年人融入社区、参与社区治理。

此外，社区还通过引入科技手段，如智能化家居和健康监测设备，来提升老年人的生活便利性和安全性。这些创新实践真正做到了从老年人的实际需求出发，为他们的日常生活提供全方位的支持。真北五社区在街道的大力支持下，第一批为社区内的独居无子女老人安装了无忧生活六件套。六件套安装后，独居老人在家中发生意外时只要按下应急按钮或拉下按钮的拉绳，控制中心就会发送短信和微信提示到预留的紧急联系人的手机上，在一些特定的条件下，例如12小时红外线人体互动检测仪未检测到人体移动，48小时门磁未被开启，48小时自感应门禁卡未被感应到等情况发生，系统也会推送不安全警告至相关紧急联系人的手机上。负责人员第一时间与老人联系确认是否误报，如联系不上则立马上门查看情况，并向街道有关部门报备，必要时联系社区民警强行破门查看情况。这些科技手段既能减轻社区工作者的工作压力和负担，又可以让这些独居老人感觉到安心。

这些创新措施为老年友好型社区建设带来了显著的成效。老年人的生活质量得到了显著提高，他们能够更加自立地生活，积极参与社区活动，保持身心健康。同时，社区的整体环境也得到了改善，邻里关系更加和谐，社区活动更加丰富多彩。这些成果不仅让老年人受益，也促进了社区的持续发展。

这些实践获得了广泛的认可和支持。老年人和他们的家人对这些创新措施表示高度赞赏，认为这为他们的生活带来了极大的便利。同时，其他社区居民也纷纷表示支持，认为这有助于提升整个社区的生活品质和福祉。这些积极的反馈进一步推动了老年友好型社区建设的深入推进。

社区建设通过综合运用创新的理念和方法，为老年人创造了一个更加适宜的生活环境。这一实践不仅提高了老年人的生活质量，还为整个社区的和谐发展注入了新的活力。面对老龄化社会的挑战,我们应该更加重视和推广老年友好型社区建设,为老年人提供一个更好的生活和服务平台,同时也为社区的持续发展做出积极的贡献。

四、启示与展望

科技助老是一项利用科技手段帮助老年人更好地生活和交流的社会工作。随着人口老龄化的加剧,科技助老的需求越来越迫切,这给科技企业带来了新的发展机遇。

科技助老能够提高老年人的生活质量。老年人面临着许多生活上的不便,如出行、购物、就医等。通过科技手段,如智能家居、智能医疗等,可以帮助老年人更加方便地完成这些活动,提高他们的生活质量。

科技助老能够促进社会的和谐发展。随着老年人口的增多,社会对于老年人的关注度也越来越高。科技助老可以帮助老年人更好地融入社会,与其他年龄段的人进行交流和互动,促进社会的和谐发展。随着科技的不断发展,越来越多的科技手段将会应用到助老领域。例如,人工智能、大数据、物联网等新兴技术,将会为科技助老带来更多的可能性。

未来,科技助老将会成为一个庞大的产业,为老年人和整个社会带来更多的福祉。与此同时,传统的助老模式依然不可或缺。真北五社区中有这样一群"小阿姨"在挂念着社区中的独居老人们,她们纷纷与家附近的独居老人结对,平时给独居老人打电话嘘寒问暖,隔三岔五上门坐一坐,问问情况,把自己家中制作的精美小点心带一些给独居老人品尝。当独居老人遇到困难时,"小阿姨"们在能力范围内热心地帮其解决;遇到重大情况,"小阿姨"们及时和居委联系,通过居委和街道予以解决。

"传统+科技"相结合可以更好地提高老年人的生活质量,促进社会的和谐发展,同时也为科技企业带来了新的发展机遇。未来,随着科技的不断发展，我们相信科技助老将会发挥更加重要的作用，为老年人和整个社会带来更多的福祉。

（报送单位：普陀区真如镇街道真北五社区）

专家评析

　　本案例涉及的小区是一个典型的城乡结合式、老龄化程度高的混合小区。它能充分利用资源，采取"传统＋科技"相结合的方式满足老年人群的需求。该小区采用了综合性的方法，注重硬件设施和软件服务的提升，并鼓励老年人参与社区治理。这些创新措施为老年友好型社区建设带来了显著成效，提高了老年人的生活质量，促进了社区的持续发展。此社区的建设获得了广泛的认可和支持，为其他老年友好型社区的建设提供了一定的借鉴和启示。希望未来能进一步扩大科技助老的惠及面，发挥科技产品及服务更加重要的作用，为老年人和整个社会带来更多的福祉。

张剑敏

上海市长白社区卫生服务中心　主任